フランク——目次

【本書について】

・本書は昭和二十八年に音楽之友社から刊行されたヴァンサン・ダンディ著、佐藤浩訳『音楽文庫69セザール・フランク』を翻訳者・佐藤浩氏のご遺族の承諾を得て一部修正を加え復刊したものである。

・旧漢字は新漢字に、旧仮名は新仮名に改め、一部漢字を平仮名に開き、送りがなを修正した。また、適宜ルビや読点を加えている。

・人名、地名、作品名、音楽用語は一部を現在一般的なものに改めた。

・本文中の〈 〉は補足として編集部が加えたものである。

第一部　人間としての先生

一　先生の生涯

交響楽の巨人ルートヴィヒ・ヴァン・ベートーヴェンは、「荘厳ミサ曲ニ長調」を自分の最も完全な傑作と見なした。これはいかにも当然なことである。ところでベートーヴェンがこの作品の草稿を完成したのは一八二二年十二月十日であるが、ちょうどこの日に一人の子供が世に生まれ出た。この子供こそ宗教音楽と交響楽との両分野において、このボンの巨匠ベートーヴェンの真の後継者となるべく運命づけられていた。

セザール・フランク先生はベルギーのワロン地方のリエージュで生まれ、そこで幼年時代を過ごされた。この土地は人情も言葉もその景色も不思議なほどフランス的なところである。峡谷は不規則な形をなして崖が聳《そび》え立ち、荒地には春ともなればえにしだの花が咲いて、それが涯《はて》しもない黄金色の地平線に遠く広く延び広がる。また低い丘陵には松やぶなが生えているが、これらは寒いセヴェンヌ山脈一帯に見られるのと同一のものであって、フランスから来た旅行者を驚かせる。まことにこの土地ほどフランスの中央高原を思い出させるところはほかにない。その地勢はこのようにゴール的であるにもかかわらず、その風習と環境とは、はなはだゲルマン的である。このような土地が必然的に生み出した作曲家セザール・フランク先生の交響楽芸術こそ、一方には均衡と正確さとの精神においてきわめてフランス的であり、しかも他方には従来の音楽的伝統の所産たるベートーヴェンの芸術の確固たる基盤の上に立つものであった。

フランク家は同姓のワロン人の画家一家の子孫だとのことである。［注］

［注］この一家の最初の画家はジェローム・フランクと言い、一五四〇年にヘレンタールで生まれ、一六一〇年にパリで没した。ジェロームは、その子孫の音楽家セザール先生と同じくパリに移住して、アンリ三世の宮廷画家に任ぜられた。その傑作は「キリスト生誕の図」だったそうである。この絵はレ・コルドリエの教会堂のために描いたものであったが、フランス革命の時に破壊されたという。

この画家一家の作品には、いわゆる原始期の画家の特色が見られるのはもちろんであるが、それればかりでなく、またそれらにはレンブラントの芸術の先触れと見られる特質が少なからず表れている。セザール先生の長男、ジョルジュ・セザール・フランク氏は小さい銅版画を一枚持っておられるが、この絵は右の画家一家の中の一人が描いたものである。それはキリストが嘲弄される場面を表した絵である。これは色彩上からはさほどでないとしても、構図の上からは今述べた観点から興味あるものである。セザール・フランク先生の画才は、あるいは隔世遺伝によるものと言えようか。この才能は先生が少年時代に培われたものであったが、先生は長じても絵画を愛好されることは変わらなかった。先生の生涯と作品とを今から研究していくにつれて、我々はこのことの痕跡を見るであろう。

若いフランク先生の心が音楽に向けられたのは、その生涯のきわめて初期においてであった。厳父は厳格な独裁的な性格の人であった。彼は銀行員であったが芸術界にたくさん友人を持っていた。そして自分の息子を二人とも専門の音楽家にしようと決めた。

このように決めるのにはいまだ時期が早過ぎたのであるが、いったん厳父がこう決めたからは幼い先生はこれに従われるよりほかに道がなかった。普通ならこんなことをすると、子どもに無理に勉強を押しつけることになって、そのため子供がこれを嫌がり、さらには積極的にこれを憎むようになるものである。しかし幸いにもフランク先生の場合は、このように音楽の種子を蒔くのが早過ぎたのにもかかわらず、その種子は素晴らしく肥えた土地に落ちたのであった。

先生は十一歳になるかならぬで、厳父と一緒にベルギー国内を旅行された。そしてその旅行中に先生より一つか二つ年上の少女芸術家に会われた。この少女はその年で、もうあっぱれ名演奏家として演奏旅行をしている途中なのであった。これはポーリーヌ・ガルシアで、この人は後に名高い声楽家ポーリーヌ・ヴィアルド夫人として知られた。

先生は十二歳でリエージュの音楽学校の課程を終えられた。しかし厳父はもっと大きい成功を望んで、息子二人と共に一八三五年にパリに移住した。この地で先生はレイハの個人教授を受けられることとなり、彼のもとで対位法、フーガ、および作曲を習われ、かなりまで進まれた。ところがレイハは次の年に死んだので、厳父は後年のオラトリオ「至福」の作曲者たる先生をパリ音楽院に入学させようとしてその手続きをした。しかしフランク先生が音楽院の生徒として入学を許されたのは、やっと翌一八三七年になってからであった。先生は作曲ではルボルヌのクラスに入り、ピアノはジメルマンのもとで学ばれた。同年の末に先生はフーガで褒《ほう》状《じょう》を貰われた。ところが一八三八年のピアノの競争試験では、特筆に値する事件が起こった。先生はまず選択曲であるフンメルの「協奏曲イ短調」で優れた演奏ぶりを示された。ところがその後で初見演奏の試験を受けられる際、少年フランク先生はあてがわれた曲を三度下に移調して弾く気になられ、いささかの失錯も躊躇もなしにそれをやってのけられた。

このような離れ業をすることは、競争試験の規則では許されていなかった。ところが十五歳六カ月の生徒がこんな不敵な業をなしたため、当時の音楽院長老ケルビーニは憤慨して、当然一等賞を与えるべきであるにもかかわらず、これを授けることを頑強に拒んだ。しかしケルビーニはなるほど官僚的独裁的な人ではあったが、それにもかかわらず、さすがは歌劇「ロドイスカ」の作曲者だけあって、実は不公平な人ではなかった。彼はこの不敵なピアノ演奏者に、特別賞として全然競争試験の枠外の「大名誉賞」という厳めしい称号を与えるようにと審査員たちに提議した。こういう賞がパリ音楽院の器楽競争試験で今までに与えられたのは、私の知る限りではこのときだけである。

一八三九年にフランク先生はフーガで二等賞を得られた。いったい「学習フーガ」と呼ばれるものは奇妙な無益な謎音楽であって、これを作るためには旋律の組み合わせに対する感覚がぜひとも必要なのである。ところが少年フランク先生はワロン地方出であられた関係で、こういう感覚がきわめて自然に身についておられた。すなわち昔、声楽対位法の時代に先生の先祖たちもそのような感覚を持っていたのであったが、先生の場合もちょうどそれと同じであった。そういうわけで先生は答案作品を制作されるにあたって、試験官たちが割り当てた時間のほんの一部分を費やされただけであった。ほかの学生たちはその答案にまだあと何時間もかかろうというのに、フランク先生はもう家に帰ってきてしまわれたので、厳父は厳しく先生を叱って、「この試験はお前の将来を決める大切な試験ではないか。なぜもっと念を入れてやらなかったのか」と言った。すると先生は「きっと大丈夫ですよ」と微笑しながら答えられた。後年、私たちが先生を知るようになってからも同じように、先生は自信があるときはそれを無邪気に示されたのであるが、その同じ態度がすでに先生のこの答えに表れている。その翌年にはケルビーニが少々嫌な問題を出したにもかかわらず、フーガの一等賞が満場一致で先生に与えられた（一八四〇年七月十九日）。

一八四一年に先生は、またまた試験官たちの驚くようなことをされた。それは先生がブノワ教授（一八七二年に先生がこの教授の後任になられた）の生徒として、オルガンの競争試験を受けられた折のことであった。

この試験の種目は現在と同じく四つあった。すなわちグレゴリオ聖歌から選んだ課題曲の伴奏、ペダルつきオルガン曲の演奏、フーガの即興演奏、およびソナタ形式による作品の即興演奏であるが、この中、最後の二つの即興演奏はいずれも試験官の出した主題を用いてなすものであった。フランク先生は対位法に対する驚くべき本能を持っておられたので、フーガのために課せられた主題がソナタ形式の自由作曲のための主題と組み合わせられることに気付かれた。そこで先生はこの両主題を同時に取り扱って、一方が他方を互いに引き立て合うようにされた。

先生は「このときの両主題の組み合わせは実にうまくいった」と後に私たちに語られた。しかし先生が自由作曲に対してこのような珍しい扱い方をされた結果、曲は並外れて長いものになってしまった。それで試験官たち（ケルビーニは病気のため欠席していた）はこの芸当に面食らい、この厄介な少年に何の賞も与えなかった。つまりフランク先生は生徒としてうま過ぎたのである。しかし先生の教師であるブノワ教授が事の次第を説明した後で、やっと試験官たちは始めの評決を撤回して、フランク少年にオルガンの二等賞を与えるように決定した。このときからフランク先生は、これらの役員たちに注意人物と見なされるようになってしまった。

いまやフランク先生の野心をかき立てる大賞がもう一つだけ残っていた。それはローマ大賞であった。そこで先生は芸術院の競争試験の準備を始められた。ところが先生は厳父の有無を言わさぬ命令に従って、学生生活の中途で永久に音楽院を去らねばならぬことになった。この

原因は何であるか。あるいは当局が先生をフランス人であると認めなかったからかもしれない。［注］

［注］ジョルジュ・フランク氏は、このことを証明すると言っておられる。

一八四二年四月二十二日に、フランク先生の名は我が国の国立音楽院の学籍簿から除かれた。そして先生は演奏家になるようにとの忠告を受けた。

フランク先生のピアノだけのための作品の大部分はこの時期に属する。すなわちほかの曲をピアノに編曲したもの、連弾曲、奇想曲、および華やかな幻想曲のたぐいである。これらは当時ピアニスト作曲家に必要とされた演奏曲目の数々であった。

幸いなことには現代にはこういった華々しい音楽家はもういない。このような名演奏家たちは、「一時だけの彗星」として眩《まばゆ》くその軌道を運行して欧州の全首都を驚倒させ、女性たちの空想と情熱の焔《ほのお》を燃やさせ、そのロマンスに満ちた生涯は地金をも溶かして通貨に変じさせたのであった。

この種の名演奏家中、最も著名なものだけを挙げればリストやタールベルクがある。

フランク先生の厳父は、その長男であるフランク先生についても同様な生涯を夢みていた。ところがこうした生き方は全然先生の好みや気質に合わなかった。それにもかかわらず厳父は先生に強いて、その才能をピアニストとして活かすようにさせ、公開演奏用の曲目を折に触れていくつも作曲させた。

しかしこれが無理にさせられた仕事であったにもかかわらず、フランク先生は真の立派な芸術家であられたので、どんな無意義な制作にあたってもその中に新しい形式を創り出そうとされた。そうされねば気が済まなかったのである。もちろんまだ後期の作品の特徴たる崇高な芸術的形式にまでは達しなかった。しかし先生は変わった運指法と斬新な手法と耳新しい和音効果とを使用された。そういうわけで、フランク先生の初期のピアノ曲中「田園詩〈牧歌〉作品三」（一八四二年）や「バラード作品九」（一八四四年）などに見られる新しい試みは、今日でも音楽家、特にピアニストにとって興味がある。

最初の三つのピアノ三重奏曲（作品一）もこの時期に出来た。この三つの曲はフランク先生がまだ音楽院在学中に作曲されたもので、その厳父が「ベルギー国王、レオポルド一世陛下に献ず」と献題の辞をこれに付けさせた。

私がかつて先生と右の三重奏曲について話し合ったときの言葉に思い違いがないとすれば、少年音楽家フランク先生は王に拝謁を賜って、直接王にこの作品を献上される予定であった。そしてこれを口実として突然先生が音楽院を退学するようにさせられたのである。厳父はこれを献上することに非常な望みをかけていたのであるが、それは残念ながらついに無駄な望みに終わった。

私は本書の第二部でもう一度これらのピアノ三重奏曲、特にその最初の嬰へ短調のものを顧みるつもりである。これは音楽史上画期的なものである。

フランク先生が慌ただしく音楽院を退学されてからの二年間をベルギーでどのように過ごされたか、その詳しいことは分からない。しかしおそらく厳父はこの処置が期待したほど有利でないと分かったらしく、一八四四年には一家全部がまたパリに戻っている。一家はラ・ブリュイエール通りのアパートに落ち着いたが、収入といっては二人の息子、ジョゼフとセザールとが個人教授やら演奏会への出演やらで稼ぐ金のほかはあまりなかった。

このときから先生の規則的な不断の勤勉の生活が始まった。これはほとんど五十年間、間断なく続いたのであって、その間の先生の唯一の気晴らしはといえば、たまに自分の作品のどれかが演奏される音楽会に行かれることであった。

一八四六年一月四日に、音楽院奏楽堂でフランク先生の作品になる聖田園詩「ルツ」が初演された（その頃の音楽院当局は今日より度量が大きくて、奏楽堂を当時の作曲家たちにしばしば提供した）。先生はパリに帰られると、すぐにこの田園詩の作曲にかかられたのであった。「ルツ」は少数の音楽家たちの――心からのか口先だけのかはともかくとして［注］――同情と注意を惹いた。しかし確かに批評家の過半数は、この曲を単にフェリシアン・ダヴィッド作曲の「砂漠」の「拙劣な模倣」にすぎないと考えた。

［注］ジョルジュ・C・フランク氏はこの曲を取り上げて論じた著名作曲家たちの書簡を何通か所蔵しておられる。

このダヴィッドという人はそれより二年以前に目覚ましい成功を収め、このときもまだその一時的な名声が消えずにいた。ところでさらに一、二年後になると、今度は批評家は新しい作品が出るたびに、ワーグナーを引き合いに出してその作品を冷酷に葬り去るようになった。そしてこの風潮はずっと後まで続いたが、最近ではその同じ批評家たちがまた変わった態度を取り、新しい作品だとその価値はどんなでもとにかく頭から賞賛し、その反対に古いものだとどんな傑作でも大抵これを貶《けな》すようになった。批評の変遷というものはこうした妙なものなのである。

一八四六年にこれらの批評家たちの一人で、比較的寛大だった人が次のように書いた。「セザール・フランク氏は、はなはだ素朴であって、この単純さがそのオラトリオ『ルツ』の作品に益をなしていると言わねばならぬ」と。このときから二十五年後の一八七一年九月二十四日に「ルツ」の第二回の公演がシャンゼリゼ劇場でなされたが、このときに前述の同じ批評家が、おそらくは自分が以前にこのオラトリオを聴いたことは忘れたらしく、感激してこう書いた「これは天来の音楽である。この曲はその魅力と旋律の素朴さにおいてメユールの『ヨセフ』を思い起こさせるが、しかしそれ以上の優しさと近代的感情とを有する。これは確かに傑作と称せられるものである」と。

ところで、いまや苦難の時期がフランク一家を待ちかまえていた。すなわち青年フランク先生が主に教えておられた金持ちの音楽愛好家たちは、政治情勢の悪化に恐れをなしてほとんど全部パリを去り、それとともにフランク一家の収入の道が途絶えたのであった。

ところが先生は、よりによってわざわざこういうときに結婚された。前から先生は名高い悲劇女優デムソー夫人の娘である若い女優を愛しておられた。時期は悪いし、また先生の両親は「一家の中に役者畑の人間を引き込むのは怪しからぬ」としてこれを非難したが、それでも先生はその女性と結婚することを躊躇されなかった。

その結婚式は、フランク先生が当時オルガニストをしておられたノートルダム・ド・ロレット教会で挙行された。時は一八四八年二月二十二日、あたかもフランス革命の真っただ中であった。教会に到着するのに、結婚式当事者一行はにわか作りの防塁を越えねばならなかったが、その防塁の背後に群がっていた革命軍の人々は、新郎新婦がこのきわどい業をするのを喜んで助けた。

フランク先生は弟子をみな失って家に金を出されることができなくなったため、厳父の誤解を買い、その結果、先生は結婚直後に両親のもとを去って独立した一家を作られることが必要となった。そこでフランク先生はそれまでの倍も働き、失った家庭教師の口の質を量で補い、またつまらぬ仕事をいくつも引き受けられねばならなかった。しかしこのときからは自分の時間は自分の自由になるので、フランク先生は毎日一、二時間は必ず作曲、もしくは自分の精神を向上させる音楽および文学作品の研究にあてようと決意された。先生はこの時間を自分でいつも「思索の時」と称しておられた。

そして先生はその生涯の最後のときまで、どんな障害があってもこの決意を変えられなかった。先生の偉大な作品が生まれたのは、みなこの決意に基づくのである。

一八五一年にフランク先生は初めて劇音楽の作曲を試みられた。すなわち当時のいわゆるオペラなるものの作曲である。先生はこの形式のものは、これ以後は生涯の終り近くまで手掛けられなかった。

フランク先生はこの最初の歌劇作曲にはオランダのものから取材された。これは十七世紀末期の物語であって、当時の流行歌劇台本作家アルフォンス・ロワイエおよびギュスターヴ・ヴァエスがその台本をフランク先生に提供した。この台本はその頃のほかの歌劇の台本と比べて劣りもしないが勝りもしなかった。フランク先生は熱心にこの仕事に取り掛かられ、一気に最初の三幕まで書きおえられた。この歌劇の題名は「頑固な召使い」というのである。先生は音楽教授その他の昼間の務めを一時も怠けられるわけにはいかなかったので、毎晩の大部分を作曲に費やされた。そして先生は一生懸命努力されたため、一八五一年十二月に着手して一八五三年の初めに完成し、かつそれを管弦楽化された。先生はこのように働き過ぎられたため、お気の毒にもそれが体に障ってひどい神経衰弱にかかられ、しばらくの間は作曲能力を全然失われたばかりでなく、物事を考えられる力もなくなり、ちょっとでも頭を使うと全く疲れ切ってしまわれた。

かつこれが実際の役に立ったかどうかといえば、結局これは時間の浪費であった。すなわち数年後にアルフォンス・ロワイエがオペラ劇場長となったとき（このことはフランク先生にとってはそれこそ思いがけない幸運と思われたに違いないのであるが）、ロワイエは「頑固な召使い」を上演することを断固として拒絶した。その口実というのがまたもっともらしいのであって、ロワイエ自身が台本の作者であるから、この歌劇を上演することはオペラ劇場の規定が許さないというのであった。実際、この作品のためフランク先生は自分の健康をすっかり損なわれたのであるから、もうそれで先生の乏しい収入からのロワイエへの台本に対する支払いは十分に済んでいたと言ってよかろう。

この作品は上述のように急いで書かれたものであって、先生は晩年近くにはこれをあまり高く評価されなかった。先生はこの作品の話をする人々があると、その人たちに対して「あれは出版する価値がないよ」と言われるのが常であった。［注］

［注］ジョルジュ・C・フランク氏による。

さてダンセル師は立派な司祭であったが、このダンセル師は以前ノートルダム・ド・ロレット教会の副司祭であった。師はその教会の若いオルガニストであるフランク先生が初めて数々の苦難に出遭われた際、先生を支持し、先生の結婚にあたって積極的援助を与えた。このダンセル師はそのうちにマレのサン・ジャン・サン・フランソワ教区に任ぜられた。ところがここの教会には、後に貧しく亡くなった天才発明家カヴァイエ＝コルの製作した立派なオルガンが少し前に寄贈されたばかりであった。ダンセル師はさっそくその若い友人フランク先生をノートルダム・ド・ロレット教会から引っ張って、自分の教会のオルガニストにした。フランク先生はこのような見事な楽器を与えられてたいそう喜ばれ、自分のオルガンは「管弦楽だ！」と言われた。

しかしフランク先生が静かな揺るがぬ心の落ち着き場を見出されたのは、それからなお数年後になってからであった。私は躊躇なく断言できるが、そのときが先生の芸術の新段階の出発点であったのであり、先生の音楽の第二期と名付けられるものは、このときから始まったのである。先生がいかにしてそのような心の落ち着き場を見出されたかといえば、それは次のごとくである。現在のサントクロティルド教会は、サントヴァレールの質素な教会の代わりとしてその頃やっと完成したばかりであった。そしてその当時、工匠詩人としてその才能を十分に発揮しつつあったカヴァイエ＝コルが、この教会堂のためにその傑作のオルガンを製作したばかりであった。この素晴らしい楽器は、それから五十年間使用され続けてきた今日でも、なおかつその新鮮な音色と充実した音量とを保持しているものなのである。［注］

［注］フランク「お父さん」は、サントクロティルド教会の副司祭にいつもこう言っておられた。「私がどんなにこの楽器を愛しているか、とてもお分かりにならないでしょう。これは指で抑えるといかにもしなやかで、実際何でも私の思いどおりになるのです。」一九〇四年十月二十二日にガルディ師が述べた挨拶からの引用。

このオルガンは先生が「管弦楽」と呼ばれた前述のサン・ジャン・サン・フランソワ教会の小規模のオルガンとは雲泥の差がある素晴らしいものであった。そこで先生は損得よりはむしろ芸術的感情に動かされて、サントクロティルド教会のオルガニストの地位を志望された。先生はすでに一八五八年以来、この教会の合唱長をしておられたのであるが、色々な陰謀があったり競争者がたくさんいたりしたにもかかわらず、このオルガニストの地位を得られた。

フランク先生はこの教会のオルガン廊の薄暗がりで、その生涯の最良の時期を過ごされた。私はこのオルガン廊のことを思い浮かべるたびに、いつも深い感動を覚えざるを得ない。この場所にフランク先生は、日曜と祝祭日とのたびごとにやってこられた。その生涯の晩年には、そのほかに毎金曜の午前中にもやってこられた。そして己が天才の焔《ほのお》を燃やし、驚嘆すべき即興演奏の数々に自分の魂を注ぎ出されたのであった。こうした即興曲は、念入りに作った多くの巧みな作品よりも思想の深遠さにおいて勝っていることがしばしばあった。そしてまた確かにこの場所で先生は、後に「至福」の基礎となった崇高な旋律を予見し、これを思いつかれるにいたったのである。

本当に私たちフランク先生の弟子であった者たちは、神の祝福の満ち満ちたあのオルガン廊に上る道を良く知っている。その道はあの福音書にある「天国へいたる道」と同じく険しく上りづらい道であった。ところどころ空気抜きから光が入るだけの暗い螺旋形の階段をまず上るのであるが、それを上りつめると突然原始時代の怪物のようなものの前に出た。それは複雑な骨ばった構造を持ち、重苦しく不規則に息づいていた。これはよく見るとオルガンの主要部であって、一対の強力な送風装置で鳴る仕掛けになっていた。次に私たちは真っ暗闇を通って数段の狭い階段を下りねばならなかった。これはシルクハットを被っている人には実につらい試練であり、慣れない人は何回も滑った。それから上部の狭い戸を開けると私たちは教会の床と丸天井との間にいわば宙ぶらりんになっていた。しかし次の瞬間に私たちは先生の恍惚たる横顔と知的な額とを見てすべてを忘れた。その額から無造作に流れ出したかのような天来の旋律と霊妙な和声とは、一瞬内陣の柱々の間でたゆたった後に上に昇り、ついには高い円天井の中に消えていくのであった。

フランク先生は実に優れた即興演奏の天才であられた。最近のどんな有名なオルガニストでも、この点に関してちょっとでもフランク先生と肩を並べられる人は全然いない。[注]

[注]私は、先生がかつてベートーヴェンの弦楽四重奏曲第七番の最初の主題に基づいて奉献誦を演奏されたときのことを憶えている。これは、その美しさにおいてベートーヴェンの原作に劣らないものであった。いやしくもこの即興演奏を聴いた人なら誰でもきっと私の意見に反対しないと思う。

ごく稀に、私たちの中の誰かが先生のオルガン演奏の代理を務めるように言われることがあったが、指名された者はこのオルガンが何か超自然的なものででもあるかのような迷信的な畏れを抱きつつ、穢《けが》れた指でそれをおずおずと愛撫するのであった。そのオルガンはいつもこの優れた天才の意のままに、あるいは震え、あるいは歌い、あるいは嘆き、ほとんど先生の体の一部分となっていた。

　ときどき先生は友人、音楽愛好家、外国人音楽家などほかの人々をこのオルガン廊に招かれた。そのようにして、一八六六年四月三日にフランツ・リストもただ一人ここに招かれて、フランク先生の演奏を聴いた。そして全く驚嘆し、「これに比較できるものは何といってもヨハン・セバスティアン・バッハ以外にはない」とバッハの名を口にしながらサントクロティルド教会の門を出た。

　しかしフランク先生は特別に招いた客のためであろうと、弟子たちのためであろうと、さらにまた礼拝に集まった敬虔な信者のためであろうと、いつも同じようによく考えて注意深く即興演奏をされた。なぜかといえば先生は人に聴かせるために弾くのでなくて、神のため、また自分の良心のため己の最善をつくそうとされたからである。そして先生が己の最善をつくされるとき、そこに健全な気品のある崇高な芸術が生まれ出た。

　これらの即興演奏は、私たちがそれを二度と聴く機会がなくなってから、初めてその真の価値を悟った。今となってこれらの演奏について語ることは不可能な業である。ただ私と同じように、いつもこれらの音楽の饗宴の客であった人々の心の中に、その思い出の喜びが残っているだけなのである。そしてその思い出さえも、これらの天来の束の間の創作と同様にもうすぐになくなってしまうべきものなのである。

　このようにして十年間、フランク先生はオルガニストおよび教師として静かな隠れた生活を送られた。そして青年時代の熱に浮かされたような創作活動の後に平穏な時期が続いた。この時期に先生はオルガン曲および教会音楽のほかには何も作曲されなかった。しかしこの平穏な時期は次の新しい決定的な発展の先触れであるにすぎなかった。そしてこの次に来るべき発展は、やがて数多くの崇高な傑作をもたらして音楽芸術界に寄与するにいたった。

　それまでずっとフランク先生は、福音書中の美しい箇所たる「山上の垂訓」に基づいて音楽作品を書きたいと思っておられた。この主題は先生の敬虔な心と強い熱烈な気質にきわめて適合したものであった。そして先生はこれまでに、すでにこの主題に基づくいくつかの試みをなしておられた（これらの試作についての考察は本書の作品批評の部でするつもりである）。一八六九年に先生は、ついに一つの詩に基づいてこの仕事に着手されることができた。この台本は詩として韻律の上からは劣っているかもしれないが、少なくとも聖書の本文を尊重し、しかもそれをふえんして美しい音楽的展開を可能ならしめたものであった。

　フランク先生はこの台本が手に入るとすぐに非常な熱心さでこの仕事に没頭し、少しも中断せずに最初の二つの部分を作曲された。

　この仕事は一八七〇年の普仏戦争によって中断した。この戦争はフランス人なら誰でも無関心であることができない事件であった。フランク先生も生まれはベルギーであったが、その心ではフランス人であり、また実際にフランスに帰化されたのであった。

フランク先生自身は、年を取り過ぎていて兵役に従事されることができなかった。しかし先生の若い弟子たちは、仏軍の敗戦によって散り散りになっていった。弟子たちは対位法とオルガンとピアノを銃剣と小銃に代えて、にわか作りの勇敢な軍隊に参加した。フランスは勝ち誇る侵入者に抵抗してこのような急造の軍隊を招集し、六カ月間これを維持し得たのであった。これらの若い弟子たちの中の幾人かは、その敬愛する先生に二度と会えなかった。またほかの者はアレクシス・ド・カスティヨンのように冬期戦役の苦しみに疲れ切って、戦争が終わったとき倒れてしまった。

弟子たちの中の三人は、フランク先生自身と同じくパリに閉じこめられた。それはアンリ・デュパルク、アルテュール・コカールおよび私であった。その当時、私はまだ先生に自分の拙い試作を一つも見てもらっていなかった。

ある夕方、私たちが前哨戦の歩哨の勤務の合間にサンミシェル通りにある先生の静かな家を訪問したとき、先生は「フィガロ」紙のある論説を読んで感激に震えておられた。その記事は傷つきながらも雄々しい誇りを持って最後まで抵抗していた我が愛するパリを詩的散文で称えていた。先生は私たちを認めるないなや「わしはこれを作曲しなければならない」と叫ばれた。数日後、先生は熱に浮かされたような感激をもって、その労作の結果を私たちに歌って聴かせられた。この歌は次のように愛国の霊感と若々しい情熱に溢れるものであった。

「我はパリ、もろもろの都市《まち》の女王……」

この歌は今までに出版されていないが、音楽家が散文詩に作曲を試みたのはこれが最初であった。

一八七二年に先生の生涯中で奇妙な事件が起こった。先生は音楽院のオルガン教授に任命されたのである。どうしてこういう事になったのか誰にも分からない。先生自身もおよそ策略を弄するような人ではなかったので、その理由が分からないことはほかの人以上であった。

ブノワ教授は一八二二年のオルガンクラス創設時に赴任したが、いまや定年に達して勇退したのであった。大臣が賢明にもサントクロティルド教会のオルガニスト、フランク先生を採用したのは何か運の良い偶然によるものであろうが、それにしても先生は考えも態度もおよそ役人肌でなかったのであるから、そのような先生にどうして白羽の矢が当たったのかこの謎はいまだに解かれていない。

ともかくもセザール・フランク先生は、一八七二年二月一日にオルガン科を引き継がれた。しかしそのときからというもの、先生は意識的無意識的にその同僚たちから敵意をもって見られた。そして彼らは先生を自分たちの仲間として扱うことをいつも拒んだ。その理由というのは、ほかでもなく先生が芸術をほかの何ものよりも上に置いて考え、利欲を離れ、真心から音楽を熱愛されたことによるのである。

同年フランク先生は「至福」の制作を中断し、ほとんど一気に「贖罪」の初稿を書き上げられた。この曲は二部からなるオラトリオで、エドゥアール・ブローのあまり優秀でない台本によっていた。そして当時指揮者となったばかりのコロンヌが、一八七三年の受難週の木曜日の宗教音楽会でこれの初演を指揮した。

この演奏は、はなはだ不満足なものであった。後年のコロンヌとは異なってその当時のコロンヌはまだ経験が浅かった。その上、もう一人別の作曲家の作った堂々たる規模のオラトリオが受難金曜日に上演されることになっていたため、二つの演奏会のために等分にあてなければいけないはずの練習が、この方でほとんど全部食われてしまったのであった。人のよいフランク「お父さん」は人を信用する性質で、ずるいことを知らない、この上なく寛大な人であられたので、こんなぞんざいな演奏は決してこの作品に対する正当な取り扱い方ではなかったにもかかわらず、先生はそれで満足されねばならなかったし、また事実それで満足された。練習の時間があまりに短いため、先生はこの作品の第一部と第二部との間にある交響間奏曲を省略されねばならなかった。後に先生はこの間奏曲を書き直された。

一八七六年にルコント・ド・リールの詩に基づく交響詩「アイオリスの人々」が、ラ・ポルト・サンマルタンの一演奏会のプログラムに載って一度だけ上演された。このときの指揮者はラムルーであったが、この曲は全然公衆に理解されなかった。フランク先生は「贖罪」が完成した後の六年間は、オラトリオ「至福」の制作に没頭され、その間ほかには何も作られなかったのであるが、ただ右の「アイオリスの人々」だけは唯一の例外であった。そして「至福」は一八七九年になってやっと完成した。したがって先生の生涯のうち、十年の月日がこの作品のために費やされたのである。

フランク先生は音楽家として単純な性質であったため、実際生活のどんな問題に関しても絶えずありもしないことを空想しては、そのために馬鹿な目を見られるのであった。このときも先生は自分でも立派だと思われる作品が出来上がったので、「こうして自分が天から与えられた才能を傾けて国家に貢献したからは、政府がこのように価値のある芸術作品の演奏に無関心であるわけはない。もし大臣が一度自分のこの作品を聴いたなら、大臣はきっとその美を認め、この作品の演奏上の成功を促進してくれるに違いない」と想像された。そこで先生は自宅で「至福」の非公開演奏をすることを計画され、まず芸術大臣に何日が都合がよいかを手落ちなく問い合わせられた。そして一流新聞の音楽批評家、音楽院長ならびにオペラ劇場長を自ら招待された。独唱部は音楽院の学生たちに、また主要部である合唱の部分は自分の弟子たちとオルガン科の自分の生徒たちからなる約二十名の歌手に教えられた。

フランク先生はこの小演奏会を楽しみにされ、ピアノも自分で弾かれるつもりであった。しかしその演奏の前日に先生は、馬車の戸を閉めようとして手首を挫《くじ》いてしまわれた。これは来るべき数々の失望の最初のものであった。先生はすぐに私のところにやってきて「代理を務めてくれ」と言われた。私はその光栄を与えられることを誇りに思った。しかし後たった一日のうちに楽譜を自分のものにして、特別に招いた聴衆に相当の程度まで上手に弾いて聴かせなければならないことを考え、またフランク先生がこの人々は自分を支持してくれるものと、一も二もなく信じ切っておられることを思うと、その重い責任を感じて幾分心配であった。

用意は万端整って、後は演奏者たちが客の到着を待つばかりですぐにも始められることとなった。ところが八時半に芸術大臣から知らせがあって、「大臣ははなはだ遺憾ながら出席できない云々」と言ってきた。音楽院長およびオペラ劇場長からはその前に断りがきていたし、また一流批評家たちは、その晩はこの天才の作品を聴くよりももっともっと大切なことがあって来られないのであった。すなわちその晩は、ある婦人劇場で上演される新しい軽歌劇の初日であったのである。

これらの新聞社の人々のうち一人二人は姿を見せることは見せた。しかし先生の家は繁華街からだいぶ遠いところにあったので、この人たちは数分たつと逃げ出してしまった。来客の中ただ二人だけはフランク先生に敬意を表して終わりまで残っていた。それはエドゥアール・ラロとヴィクトラン・ジョンシエールであった。

フランク先生はあれほど期待した演奏がこういう結果に終わったため、幾分幻滅を感じて憂鬱となられた。もちろんそれは、自分の作品の美しさに対して自信を失われたからではない。かえってそれは、私たち先生の最も親しい者たちがいずれも「どんな演奏会でも『至福』を全部そっくり演奏することはできないと思います」と遠慮なく先生に言ったからである。こんなことを言ったことに対して、私たちは今は実に申し訳ないことをしたと泣きたい気持ちである。とにかくこういうことの結果、フランク先生はこの作品をいくつにも区切ることを決心された。それをするフランク先生の心は多少痛まないわけはなかった。先生はそのように区切ってから、この作品を音楽院の演奏会協会委員会に提出された。この委員会はフランク先生を長い間待たせてからやっと、この作品の八歌中の一歌だけをその演奏会で上演した。

十四年後にコロンヌは、「贖罪」の失敗を償いたいと考えて「至福」の全部を上演した。このときコロンヌは芸術的な演奏をするよう十分な注意を払った。その結果は圧倒的なものであり、このとき以来フランク先生の名は名誉の円光で囲まれ、その輝きは時とともに勝っていくこととなった。けれどもそのときは先生の死後三年たっていた。

上述のように「至福」の非公開演奏が不幸な結果に終わってから、芸術大臣はそれを気の毒に思ってか、フランク先生を音楽院の作曲の教授に任命しようとした。この地位はヴィクトール・マッセの退職後、空席になっていたものである。しかし結局は「至福」の作者フランク先生でなくて「チュルリュパン夫人」の作曲家、エルネスト・ギローの方が選ばれてしまった。

そのため政府はその償いとしてフランク先生に特別の名誉のしるしを授けた。すなわち先生は、「牛肉屋やパン屋や蝋燭屋《ろうそくや》」など色々な「御用商人」にまじって「大学の将校」という重々しい地位を与えられた。レジオンドヌールの赤いリボンを受けるにふさわしい人に、この紫リボンが与えられたのを見て、大抵の芸術家たちはひどく驚いた。このように不当な扱いをされたにもかかわらず、これをきわめて当然なことと考えられたのは先生ご自身だけであった。

先生の弟子である私たちは、義憤を感じてその気持ちを隠さず色に表した。さらに私たちの仲間の一人は、先生の前でこの気持ちを率直に述べた。けれども先生は打ち明け話をするような低い口調で、「まあ怒るな怒るな。この分なら来年はきっと大丈夫貰えるよ」と答えられただけであった。しかしフランク先生がレジオンドヌール勲章のリボンを受けられたのは、それから五、六年もたってからであった。しかもそれは、大臣の控え室を用もないのに出入りする幾人かの音楽家たちが先に同リボンを受けた後でのことである。そして先生がこの名誉を授けられたのは、先生がフランス芸術の誇りとなるような立派な作品を創作されたからというのでは全然ない。かえってこの十字勲章が与えられたのは、先生が十余年官吏として勤続されたからというのであった。しかも一八八五年八月四日の通達には、単に「オルガン教授フランク（セザール・オーギュスト）」とあっただけである。フランス政府の先生に対するこの処置は、明らかに手落ちであった。

この叙勲の後、フランク先生の友人および弟子たちは先生がオルガン教授以上のものであることを示そうとして、先生の作品ばかりの演奏会を開く計画をし、その資金募集をした。

この「フランク記念祭」は、一八八七年一月三十日に冬のスタジアムでジュール・パドルーおよび作曲者自身の指揮で開催された。そのプログラムは次のようであった。

第一部

指揮　ジュール・パドルー

一、交響詩「呪われた狩人」

二、ピアノと管弦楽のための「交響的変奏曲」

ルイ・ディエメール氏

三、「ルツ」第二部

ガヴィオリ嬢、オーゲ氏および合唱団

第二部

指揮　作曲者

四、未発表歌劇「ユルダ」からの「行進曲」ならびに「バレエ曲」

合唱付き

五、「至福」第三歌および第八歌

レリノ夫人、ガヴィオリ嬢、バルロワ夫人

オーゲ氏、デュガー氏、G・ベイル氏

このときの管弦楽はまとまりがなく、その練習も不十分であったため、その演奏はみじめなものであった。パドルー氏はフランスの交響楽の勇敢な改革者でもあり、最初の擁護者であったが、このときは齢《よわい》も傾いて指揮者としての威厳も失ってきていた。パドルー氏は「交響的変奏曲」の速度を全然間違えて、そのためこの曲の終わりが崩れてしまった。一方、フランク先生は自分自身の思想の鳴り響くのに聴き入ることに夢中で、そのため指揮者として常に注意する必要のある無数の細かい事柄をおろそかにされた。その結果、「至福」はまずい演奏になってしまった。けれどもフランク先生の人のよさは無類であって、このみじめな演奏を遺憾に思わなかった人は先生だけであった。そして私たちが先生の作品の演奏のまずかったことをしきりに残念がって先生に話すと、先生は微笑してたてがみのようなふさふさした頭髪をうしろに振りやりながら「いやいや、諸君、君らは実際あんまりやかましく注文をつけすぎるよ。私自身は十分満足したよ」と言われた。

フランク先生の晩年には四つの傑作があらわれた。これらの作品はフランス音楽史上永久にその燦然《さんぜん》たる輝きを失うことはないであろう。それはウジェーヌおよびテオフィル・イザイのために作曲した「ヴァイオリン・ソナタ」、「交響曲ニ短調」、「弦楽四重奏曲」および最後に三つの「オルガンコラール」で、この「オルガンコラール」はフランク先生の辞世の曲となった。

「交響曲」は、一八八九年二月十七日に音楽院演奏会協会によって初演された。この有名な管弦楽団の団員中の大部分はこの演奏に全く反対だったのだが、ただ指揮者のジュール・ガルサンが好意をもって頑張ったため、押し切って演奏ができた。

　この演奏会の予約会員たちはこの曲を全然理解できず、音楽権威者たちもほとんど同じであった。私はその中の一人、音楽院の教授であり、また演奏会協会委員会を牛耳っていた人にこの作品をどう思うか聞いてみた。するとその教授は軽蔑するように「あれが交響曲だって？　だけど君、交響曲の中でイングリッシュ・ホルンを使うって聞いたことがあるかい？　ハイドンでもベートーヴェンでもイングリッシュ・ホルンを使って書いた交響曲がただの一つでもあったら言ってごらん。ねえ、そうじゃないか？　君の先生の音楽を君がどう思おうとかまわないが、これは絶対に交響曲ではないよ」と答えた。これが西暦一八八九年における音楽院の態度だったのである。

　同じ演奏会場の別の戸口のところでは「ファウスト」の作曲者、グノーが取巻き連を引き連れながら「この交響曲は自分が無能であることを肯定してそれを教義のように引き伸ばして述べたものだ」という意味のことを、ちょうどローマ教皇が宣旨を下すように怒鳴っていた。グノーは今では多分音楽家の入れられる煉獄かなんぞにいて、これらの言葉をしゃべった罪の償いをしているに違いない。なぜならグノーのような立派な芸術家が、こういう言葉を誠実な公平な気持ちで語ったとは思われないからである。

　その誠実な公平な態度は、これをフランク先生自身の上に見ることができる。先生が前述の演奏会から帰宅されると、その全家族が先生を取り囲んで、どんな様子だったかと熱心に尋ねた。「聴衆の受けはよかったですか？　拍手がたくさんありましたか？」こう聞かれてもフランク「お父さん」は自分の作品のこと以外は考えられなかったので、明るい顔つきでこう答えられた。「うん、わしが思っていたとおりいい音楽だったよ。」［注］

［注］ジョルジュ・C・フランク氏談

「ヴァイオリン・ソナタ」は、ウジェーヌ・イザイが世界中いたるところに携えて行って演奏した。そしてこのことはフランク先生に静かな喜びを与えた。けれども先生が最も驚かれたことは、国民音楽協会の一演奏会で「弦楽四重奏曲」が空前の成功を収めたことであった。［注］この協会はフランス文化の向上に著しく寄与したものであって、フランク先生は一八七一年にこれが創立される際、それを援助し、創立の数年後その会長に選挙された。

［注］この初演の際の演奏者は、L・ハイマン、ジビエ、バルブレックおよびC・リエジョワの諸氏であった。

右の演奏会は一八九〇年四月十九日に行われた。国民音楽協会の会員たちは、新しい変わった形式の音楽にようやく眼が開かれかけてきていたため、この作品に対してこぞって心から喝采した。このような盛んな喝采ぶりは、その演奏会場であったプレイエル公会堂では滅多に見られないことであった。聴衆は総立ちになって拍手して「作曲家を出せ」と要求した。しかし当の作曲家であるフランク先生は、四重奏曲ぐらいでそんなに受けるなどとは思いもよらないことであったので、この喝采は演奏者たちに向けられたものだとばかり思い込んでおられた。そういうわけで先生は微笑んではにかみながら、かつまたこんなに歓迎を受けることには全然慣れておられないため、面食らいながら壇上に再び上がられたが、もはやそのときはこのような喝采が自分に向けられているのだということを先生は疑われることができなかった。そしてその翌日、先生は自分の六十八年間（！）の最初の成功に得意満面で、きわめて無邪気に私たちに「ほら、ねえ、みんなはわしを分かりかけてきたのだよ」と言われた。

それから数日後、すなわち四月二十七日にトゥルネーで二回目の成功が先生を待ち受けていた。このとき先生は、イザイ四重奏団が先生ご自身の作品の演奏会を開いたのにご自分も参加されたのであった。

しかしこの幸福は長続きしなかった。同年（一八九〇年）五月のある晩方、先生が弟子のポール・ブランの家に赴かれる途中、乗合馬車の棒に脇腹をぶっつけられた。先生はそのまま行かれたが、ブランの家に着くなり気が遠くなってしまわれた。先生は意識を回復されると、「交響的変奏曲」の第二ピアノを弾かれた。先生はしかもそれを二回通して弾かれなければならなかった。その後で先生はくたくたになってサンミシェル通りの自宅に帰られた。

フランク先生は身体的苦痛を顧みず、いつものとおりの忙しい生活を続けられ、自分の楽しみだけをやめられた。そして国民音楽協会委員会の同僚たちが「会食するからその主賓になっていただきたい」と先生を招待したときも、実はその会食の後で会員たちが先生の「弦楽四重奏曲」の第二回目の非公開演奏をして先生をお喜ばせするはずになっていたのに、先生は健康が優れられなかったため、残念ながらその親しい人々の楽しい集まりに加わることを断念され、委員会に次のような手紙を書かれた。

「親愛なる友人諸君

私は今まで、年度末の宴会に欠席したことは一度もありませんが、今晩の宴会には出席できなくて誠に残念です。

私がことに遺憾なのは、四月十九日にあんなに見事に上演された私の『四重奏曲』の第二回目の演奏が私を待っているのに、その楽しみを味わえないことです。

諸君がいつも変わらず親切に私のことを心配してくださることを幾重にも感謝します。私はいつも協会のことを心にかけています。

一八九〇年五月十七日

セザール・フランク」

けれども秋が近づく頃、先生は重い胸膜炎にかかって床についてしまわれた。そして怪我をされた際の手当が不十分であったため、余病を併発して一八九〇年十一月八日に亡くなられた。

先生は亡くなられる少し前、三つの美しい「オルガンコラール」に適当な音栓の組み合わせを書くため、無理をしてもう一度サントクロティルド教会のオルガンのところまで行きたいと切望された。この「コラール」は、それから百三十年以前のJ・Sバッハのように、フランク先生が輝かしい音楽の形で遺された遺言書なのである。

この「コラール」は、心からの基督教信者であられたフランク先生の最後の祈りであった。先生の静かな即興曲があれほどしばしば鳴り響いた教会堂から、司祭が先生に特に頼まれて、教会の最後の慰めをもたらすためにやって来たとき、これらの「コラール」の楽譜が先生の死の床に横たわっていた。

フランク先生の生前の生活態度が控えめであられたと同じように、その葬式もまた質素なものであった。葬式は特に許可されて、先生の所属教区のサンジャック教会でする代わりにサントクロティルド教会で挙行された。その際のガルディ大主教の説教は、聴く人々の心を打った。その後で、葬列はなんらの見栄も飾りもなしにモンルージュ墓地にいたり、その片隅に先生の遺骸は葬られた。それから数年して、遺骸は掘り出されてモンパルナス墓地に移された。

フランク先生の遺骸がその最後の安息所に運ばれるときに、芸術省からも芸術局からも公式の代表は誰も行かなかった。先生はまた音楽院の教授の一人であられたにもかかわらず、その音楽院でさえこのオルガニストの葬式に代表を出さなかった。実際、先生の芸術に対する高い見解は、いつもこの官立学校の平和を脅かすものと見られていたのである。学院長アンブロワーズ・トマは、もっとつまらぬ人の墓の前ではいつもありきたりの言葉をとうとうと述べるのが常であったのに、このときはフランク先生の家族の者が自分を葬式に招くためにやってきたと聞いて急いで臥《ふせ》てしまった。ほかの主だった教授たちも、軽率な真似をして自分に累《るい》を及ぼさないように、学院長にならって仮病を使い、葬儀に参列しなかった。[注]

[注] 遺骸の付添人は、先生のいとこのフェレオル医師、サン＝サーンス、ドリーブ、およびフランク先生のオルガン科の学生代表のH・ダリエであった。

先生の数多くの弟子たち、友人たち、および先生の変わらぬ親切さを感じた音楽家たちだけが、先生の墓の周囲に立って先生に真心からの敬意を表した。先生がその死にあたって自分の祖国に残された遺産は、フランスに今までかつてなかったような活発な交響楽の流派であった。エマニュエル・シャブリエは、フランク先生の死後わずか数年しか生きなかった人であるが、この人が国民音楽協会を代表して墓前で述べた弔辞は、聴く人々の心を打った。その弔辞の最後の言葉は次のようであったが、それはいかにも至言であった。

「先生、さようなら。どうもありがとうございました。先生はよくなさってくださいました。先生は今世紀における最大の芸術家の一人、また比類のない教師でおいでになりました。先生の優れたお教えの賜物として、信念を持ち、分別のあるしっかりした音楽家たちの一全世代が生まれました。先生のお陰でこの人々は激しい長い戦闘に対して隙なく武装しております。先生はまた真直な正しい方で、この上なく人情に厚く、公平で、その忠告は誤りなく、そのお言葉は親切でおありになりました。ごきげんよう……」

この水いらずの愛情こもった暇乞《いとまご》いのときから十四年後、日までほとんど違えずに同じ弟子たち、友人たち、および音楽家たちが、（その中、死亡したものがあったため、残念にも数は減ってはいたが）愛する先生のために建てた記念碑の除幕式に参列しようとして、サントクロティルド教会前の広場に集まった。しかしこのときは熱狂的な群衆がこれに加わった。芸術院会員の一人で、フランク先生の死後にいたってもなお説明に苦しむ嫉妬心を抱いている人があったが、この人を例外として主だった官吏たちは、この晴れの場所に出席して人の眼に立つことを望んだのであった。芸術長官も音楽院長自身も祝辞を述べて噂に上った。

この十四年間にどういうことが起こっていたか？　かつてはその偉大さを信ずる少数者ばかりが尊敬したセザール・フランク先生の名は、静かに、ほとんど気づかれないうちに有名になっていたのであった。

政府と音楽院とはこの隠れたオルガン教師フランク先生の在世中は、これを誤解したのではないにしてもとにかく無視したのであったが、その同じ政府と音楽院とがいまや慌ててフランク先生は自分のものであると主張した。作曲家たちの中にはこれより以前であったら先生に相談をもちかけることすら憚《はばか》っていたものが数多くあったのであるが、いまやその作曲家たちは自分たちがかつてフランク先生に習ったことがあると、まるでからくりのように気がついた。

しかし芸術院はこの除幕式に公式の代表を出すことができなかった。この由緒あるはずの芸術院は、（単に死んだ人の例だけ挙げても）「ジャネットの結婚」とか「中国旅行」とかの作曲者のような明らかにつまらぬ人を受け入れておきながら、我々の祖国フランスに貢献した最大の音楽家の一人のフランク先生に対しては、一度も門戸を開かなかったのである。

しかしながら、文学におけるヴィヨー、絵画におけるピュヴィス・ドゥ・シャヴァンヌ、および音楽におけるセザール・フランク先生のような人たちは、自分自身の作品の有する美と誠実さとによって自ら芸術創作者として名を知られるにいたったのであって、これらの人々にとっては、束の間の称号や名誉は何の価値も持っていなかったのである。

二　先生の人となり

フランク先生は、背が低く額が立派で、眉毛が太く、眼はほとんどその下に隠れていたけれども、溌剌とした正直そうな顔つきをしておられた。鼻は大きい方で、口は幅広くてきわめて表情に富んでおり、顎は口の下に引っ込んでいた。顔は丸く、それが厚い灰色の頬ひげのためいっそう広く見えた。これが私たちの二十年間敬愛した先生の外貌であった。そしてその頭髪が白さを増したほかは、フランク先生の容貌は死ぬ日まで変わらなかった。文士芸術家の住むモンマルトル地区の伝説やその他架空小説類に出てくる伝統的な芸術家タイプは、先生の上には全然見られなかった。先生はいつも急ぎ足でいつも放心したような様子で、顔をしかめ、一回り大きすぎる外套を着、一回り小さすぎるズボンをはいてまるで走るように歩かれた。行きずりの人がこういう姿のフランク先生に出会っても、この同じ人がいったんピアノの前に座って立派な作品を説明したり批評したりするときや、あるいは、片手を額にあて片手をオルガンの音栓の上方に持っていっていつもの立派な即興演奏の準備をするときには、まるで人が変わってしまうなどということは、全然想像も及ばなかったであろう。こういう際には、先生はまるで音楽の円光に包まれているように見えた。私たちはそういうときには先生の口と顎とに意識的な意志の力が表れて、その立派な額が「交響曲第九番」の作曲者ベートーヴェンとまるで生き写しであるのに、はたと気がつくのであった。実際そういうときには、私たちは先生の顔に天才の光の存在をまざまざと見た。そして私たちはこの前にひれ伏し、ほとんど畏れをさえ感ずるのであった。この人こそ十九世紀のフランスが生んだ、最も高邁な精神を持った最も気品ある音楽家だったのである。［注］

［注］ジョルジュ・C・フランク氏は、ジャンヌ・ロンジェ夫人作の父上の肖像画を所蔵しておられるが、この絵は確かに先生の最も優れた最も忠実な肖像画である〈本書二七〇頁参照〉。

フランク先生の性質の中で最も私たちの注目を惹いたのは、その仕事に対する異常な精力であった。夏も冬も先生は五時半に起きられた。先生は朝の最初の二時間は大抵これを作曲にあてられた。これは先生が「自分自身のための仕事」と呼ばれたものである。それから質素な朝食の後、七時半ごろからパリ全市のいたるところに教授に出かけられた。先生はあのように優れた才能を持っておられながら、しかも自分の生涯の終わりにいたるまで素人にピアノを教えたり、また各種の大学や寄宿舎学校で音楽の授業をしたりさえして、自分の時間の大部分を費やされねばならなかった。一日中先生は歩いたり乗合馬車に乗ったりして、オートゥイユからサンルイ島まで、ヴォージラールからフォーブル・ポワソニエール通りまで行き、それから夕飯時までにサンミシェル通りの自分の静かな住まいに帰られた。一日の仕事で疲れ果てながらも、先生はなおもしばらくの時間を割いて自分の書いた楽譜を管弦楽用に直したり、清書したりされた。さもないときは、先生は弟子たちにオルガンや作曲を教えて一晩を過ごされた。そういうときには先生はこの上なく有益な、公平な忠告を惜しみなくその弟子たちに与えられた。

右に述べた早朝の二時間は短くなることがしばしばあった。しかし先生がその最も優れた作品を心に抱かれ、その構想を練られ、かつ書き下ろされたのは、この朝の二時間および音楽院の休暇中の数週間を利用してであった。

すでに述べたように先生の日毎の勤めは音楽上の仕事であったが、先生は音楽だけに固まらずあらゆる芸術作品、特に文学に興味を抱かれた。先生は避暑のためカンシーに小さな家を借りて休暇を過ごしておられた間に、読書の時間を定めて古今の書、ときにはごく堅いものを読まれた。先生は何事をするにもそのことに注意を集中されるのが常であった。あるとき先生は庭で例によって注意を集中して読書しておられたが、その際、しばしば微笑を洩《も》らされるのを見て、先生のご子息の一人が「どんな面白い本を読んでいらっしゃるのですか」と尋ねた。父フランク先生は「カントの『純粋理性批判』だ。ほんとにとても面白いよ」と答えられた。それを読んでいた人は基督教信者でフランス人の音楽家、その読んでいた本はドイツの哲学者の書いた堅い分かりにくい「批判」である。この人の唇から出たこの言葉は、この本に対してかつてなされた最も穿《うが》った批評の一つではなかろうか。

フランク先生は固い決意を持って孜々《しし》として働く人であられた（例えば一八八九年の二カ月の休暇中に先生は「弦楽四重奏曲」の四楽章を書き、また先生にとって二つ目の歌劇「ジゼル」の終わりの二幕の構想を立てられた）。先生はこのような努力家であられたけれども、先生を動かしていたものは、名誉でも金銭でも目前の成功でもなかった。先生が唯一の目標とされたものは、自分の芸術によって自分の思想と感情とを表現されることであった。先生は何にもまして真に謙遜な人であられた。世の芸術家の中には世間的な名声や栄誉を求めて熱病のようにその野心に自分の生命を焦がす人が少なくないが、フランク先生は全然そのような野心に煩わされることがない方であった。例えば芸術院会員の席を得るために努力するというようなことは、全然先生には思い浮かばれなかった。しかしそれはドガやピュヴィスの場合とは異なり、そのような名誉を軽蔑されたからではなくて、自分は未だそれに値するようなことはしていないと単純にも思い込んでおられたからであった。

先生はこのように謙遜であられたが、しかし自信がないというのとは違っていた。自信にも色々あろうが、もしそれが健全な判断に基づき、虚栄と関係のないものならば、そういう自信はすべて芸術創作に携わる者にとってぜひ必要なものである。秋になって授業がまた始まると、先生は明るく満面に微笑を浮かべながら「この休暇にはよく仕事ができたよ。諸君も喜んでくれることと思う」と言われるのが常であった。私たちはその言葉で「何か傑作がじきに発表されるに違いない」と悟るのであった。作品が出来上がると、先生は多忙な中から晩の一、二時間を割いて自分の愛弟子たちをピアノの周りに集め、完成したばかりのその作品をみなに弾いて聴かせることを大きな楽しみとされた。そういうときには先生は妙な声ではあったが熱心に声楽の部分を歌われた。先生は自分の新しい作品について、弟子たちに意見を求めることを恥とされなかった。しかも弟子たちが大胆に述べた意見がいかにももっともと思われると、先生はその意見を採用することを躊躇されなかった。

以上に述べたように、仕事における飽くことを知らぬ勤勉さと謙遜さと鋭い芸術的良心——この三つがフランク先生の性格の主な特徴であった。しかし先生はまたもう一つの世間になかなか見当たらぬ性質を持っておられた。それは穏やかな、人に対して寛大な善良さであった。

先生が一番多く使われた言葉は「愛する」という動詞であった。何かある作品、または作品中の細かい一部分でも、先生がそれに共鳴を感じられた場合には「私はそれを愛する」と言われるのが常であった。そして、実際先生ご自身の作品が愛によって動かされて出来たものであった。さらに先生は愛の力と尊い慈悲の心とによって、その弟子たち、友人たち、およびすべての高潔な音楽家の上に君臨されていた。そしてほかの人々が先生ご自身の立派な業績を継続させようと努力したのも、やはりその人々の先生に対する愛の表れからであった。

しかし、こうはいっても先生が冷静なおとなしい性質の人であったというのとは違う。それどころか先生は熱烈な人であった。そしてそのことは、先生のすべての作品がはっきり証拠立てている。

先生はまずい音楽に対しては義憤を感じられたし、また私たちが不器用な手つきでオルガンを弾いているときに間違ってきたない和音を出すと、先生は怒ってどなられた。また先生が奉献誦の提示部を弾きはじめられ、聴く者が「この先はさぞかし素晴らしいものであろう」と思っている矢先に祭壇の鐘が鳴って曲が中断されたときには、先生は苛立たしい身振りをされた。これらのことは私たちの中で誰も記憶していないものはいない。しかし「北部生まれの南部人」たる先生は、こういう怒りを主として芸術上の主義主張に対して示されたのであって、めったに人間個人に対しては見せられなかった。先生と交わって過ごした長い年月の間、私は先生が一瞬でも故意に他人に苦痛を与えられたことを耳にしたためしがない。本当に先生は邪心を抱くということができない方であったから、右のようなことは起こり得なかったのである。先生の同僚たちの中には相当名の聞こえた人もあったが、その同僚たちが先生の才能に対して卑しい嫉妬心を抱いたにもかかわらず、先生はそんなことを一度も本気にされなかった。そして亡くなられるときまで、先生は他人の作品に対していつも親切な批評をされた。

一八九〇年に公にされたアルテュール・コカールの随筆の中に、右のことを非常によく表した逸話が載せてある。

コカール氏は次のように書いている。「フランク先生は現代の芸術作品中、美しいものはすべてこれを本当に心から喜ばれた。同じ音楽家で自分より幸運な人があるときは、フランク先生はこういう人に対して実に率直単純に公正な態度を取られた。現存の作曲家は、グノーでもサン＝サーンスでもレオ・ドリーブでも、この人々に対してフランク先生はこの上ない公平な親切な批評家であられた。先生が私に語られた最後の言葉の中で、先生はサン＝サーンス氏のことを語られたのであるが、私はそのときの先生の言葉をそのままここに繰り返すことができるのを嬉しく思う。」

「それはフランク先生の亡くなられる四日前の月曜日の晩のことであった。先生は幾分か気分がよく、私がリリック劇場［注］の話をすると先生はたいそう面白がられた。そこでもちろん私はそのシーズンの初日のことをすっかり話し、『サムソンとデリラ』が大成功であったことを述べたついでに、私はこのサン＝サーンスの傑作を誉めた。私にはそのときの先生の様子がありありと眼に浮かぶ。先生は病気にやつれた顔を私に向けて低い響く声で語られた。この声は、フランク先生と親しい者ならば誰にも誠に馴染みの深かった声である。先生は熱心に大変喜ばしげに言われた『実に立派だ、実に立派だ』と。」

［注］一八七〇年以来パリで設立された「リリック劇場」なるものは少なくないが、それらはいずれもほんの僅かしか続かなかった。このコカールの随筆に出てくるものは、それらの中の一つである。

実に右のコカールからの引用の示すとおり、「至福」の作曲者フランク先生は、自分の眼を高い理想から離すことなしに一生を過ごされた。普通、芸術家には卑劣な根性が多く見られるのであるが、フランク先生はそういう根性が本来人の心にあるなどと思おうともされず、また思われることができなかった。

このような撓《たわ》まぬ力と尽きぬ親切さは、フランク先生の信仰の泉から出てきたものであった。先生は熱心な基督教信者であった。そしてすべての真の偉人の場合と同じく、先生にあっては、芸術に対する信念が全芸術の源泉である神への信仰と一つになっていた。

エルネスト・ルナンはイエス・キリストを曖昧な博愛主義者として描いたが、フランク先生の理想のキリストは神の愛と慈悲とに富み給う方であった。しかるにある視野の狭い人々は、このフランク先生のキリスト像がルナンのイエス観に似ていると書いているが、こういう人々は思うに全く批評的精神に欠けているのである。こんな人々は「至福」の意味を全然把握できなかったに違いない。この人々がもし私たちの中の数人のように、許されてサントクロティルド教会のオルガン廊をしばしば訪れ、日曜ごとに先生の素朴な、信仰に溢れる態度を目撃したならば、きっとそんな馬鹿げたことは書かなかったに違いない。なぜなら先生はいつも聖別式の際には、弾き始められた即興演奏を中止し、オルガンの腰掛けを降り、階廊の一隅に跪《ひざまず》き、祭壇における全能者の臨在の前に尊崇の念に燃えてひれ伏されるのであった。

フランク先生は、確かにそれ以前のパレストリーナやバッハやベートーヴェンのように基督教信者であった。来世を信じられたフランク先生は、この世の名声のために自分の芸術を低下させることを潔しとされなかった。先生は天才特有の率直な誠実さを持っておられた。自分の仕事を単に富や成功の手段とする多くの芸術家たちは、一時はもてはやされても次第に忘れられていって二度と思い出されることがない。それにひきかえ、ただ芸術自体のためにばかり制作されたフランク「お父さん」のセラフ天使のような人格は、光明の中へ高く高く上げられつつある。そしてこの光明こそ、先生が挫《くじ》けることなく、妥協することなく、全生涯を通じて望んでおられたものなのである。

第二部　先生の作品

一　先生の作品の系譜

誰でも芸術家の作品を総合的に誠実に評価しようとするならば、まずその由来を顧みる必要がある。それは、はなはだ遠いところから出ていることがしばしばある。しかしいずれにせよ、その作品の源泉に遡る努力が必要である。

芸術作品の持つ「性格」とでも呼ぶべきものにどの程度まで重点を置いたら良いかは、人によって見解がまちまちであろう。ところでブリドワゾンが「人間は必ず誰かの子供である」という台詞を述べている。これは荒削りではあるがなかなかの名言であって、この言葉は否定できない真理を含んでいる。人間でも芸術作品でも自分一人で生まれたものはない。それはいずれの場合でもそれ以前にあったものと関係している。それも前述のようにきわめて遠い過去のものであることがよくある。しかも一つのものが正反対の時期のほかのものから直接流れ出ている場合さえある。

したがって芸術の発展していくさまは、ちょうど一本の樹に比べられる。樹はその根は見えないが大地から養分を吸い取っている。そしてこの養分はその樹の物質的生命の源である。ちょうどそのように過去の諸宗教が芸術の生命の源となっている。また自然界の樹の場合には、やがてその樹の成長の動きが眼に見えてくる。すなわち樹は己を養ってくれた地殻を破って地上に現れる。これは自分が原因となって働くというより、むしろほかから働きかけられた結果である。同様にして芸術の場合も天才的な工匠が最初に出る。その場合でも実はこの工匠以前に色々な力が隠れて業を成し遂げているのであって、この工匠自身は意識しないけれどもそれが彼に益となっているのである。この工匠は自分で物を作って己を表し始めるのであるが、しかしその工匠が作ったものは、実際に美の表現であるというよりもむしろ既成の教義の結合したものである。

再び自然界の樹木を取って見ると、その幹は最初のうちはきわめて脆弱《ぜいじゃく》であるが、これから次第に枝々が出てくる。するとこの枝々がまた新しい枝を生ずる。芸術の幹から種々の表現形式が出てくるのも同様にしてであると言えよう。自然界の樹木の場合でも枝が親幹にしっかり接がれる場合には、その枝は樹液の助けによって繁殖力を与えられて葉と花と実とを生ずる。それにひきかえ生きた全体から離れてしまう枝は、よしそれが偶然からであろうと、病気のためであろうと、あるいはまた養分を自分の中に受け入れることを望まないためであろうと、とにかくそういう枝は萎れて枯れてしまうことを免れない。

福音書によれば、そういう枝は切り落とされて火に投げ入れられてしまうのである。

芸術の生命も樹木の生命に似ている。創作芸術家も樹の枝と同じように果たすべき使命を持っている。その使命とは自分が出て来た親幹の成長に貢献することである。もちろんこの芸術家は自分の性質に最も良く合っている方向に自分の思いどおりに伸びていって差し支えない。その結ぶ実は無限に変わったものであってかまわない。しかし芸術家が上に伸びていく間中、絶えず伝統の源から養分を取ることをやめてはならない。これは真の成長のための動かしがたい法則である。

文芸復興期《ルネッサンス》はなるほど長足の発展を遂げ、霊感による輝かしい数々の努力を見せた。しかしそれにもかかわらず、それは異教芸術の、とっくにかれてしまった泉から自分の栄養を取ろうとした。そのためこの時期がもたらしたものといえば、それは発展性もなく真の美術価値も持たない芸術形式にすぎなかった。

フランク先生は文芸復興期の徒とは正反対であった。文芸復興期には大部分の画家・建築家が形式自体を目的と考えて因習的な美の型を創り出し、それが芸術の正常な発展のために害となったのであったが、フランク先生はこの行き方からはまるで離れておられた。他方、現代の「復興主義者」たちを見ると、彼らは形式をすべて廃止しようとする傾きがある。しかしそれはこの人々が形式を立派に創り出すことができないからである。ところが、フランク先生がこういう人たちの行き方から隔っておられたことは、前の場合よりさらに大きいものがあった。フランク先生の考えでは芸術作品のいわゆる形式という表れは、その芸術作品の本質の有形的部分にほかならない。それは思想が外に纏《まと》っているもので、思想の眼に見える着物の役をすべきものである。思想を先生は「音楽の魂」と呼ばれた。先生の作品は自然に生じた全芸術の伝統という大きな地盤の上に固く根ざしながら、しかも思想の性質に応じて形式が色々に変化している。そしてこのことは、私たちが後に実際に見ようとするところである。

フランク先生が文芸復興期に負われる所は何もないが、他方、先生の作品はその明晰さと輝かしさと生気とにおいて十四・十五両世紀のイタリアの偉大な画家たちに実によく似ている。先生の芸術上の先祖は、ガッディ、バルトロ・フレディ、およびリッピである。しかしそれ以後の画家になるとまた違ってくる。例えばペルジーノの描いた天使たちですら幾分気障《きざ》な様子をしていて、フランク先生の「贖罪」に登場する天使たちとは、すでにほとんど共通点を持っていない。そしてなるほど私たちは先生の「至福」に出てくる聖母マリアに似た姿を、サーノ・ディ・ピエトロの描いた一フレスコ壁画の中にあるいは再発見できるかもしれない。しかしサンティがラ・フォルナリーナをモデルとして描いたマドンナや、さらにはヴァン・ダイクやルーベンスの巧みな構図の聖母哀悼図などになってしまうと、これなどは先生の聖母マリアの描写とは全然似てもつかない。

そういうわけでフランク先生の芸術作品は、初期のイタリアのシエナ画派やウンブリア画派の作品のように明晰な真実さと輝かしい静けさを持ったものであった。フランク先生の作品が持っている輝きは全く精神的な輝きであって、強烈な色合いは含んでいない。言いかえると、なるほど先生は「表現的」な芸術家ではあったが、しかし真の色彩画家では決してなかった。私たちは先生のこの欠点はこれを認めなければならない。そしてこの点からも先生をオランダ画派やフランドル画派と結びつけることはできない。

しかしフランク先生の隔世遺伝的な繋がりをさらに調べていくと、先生に密接な関係のある別の一系統の芸術家たちを見出す。それはフランスの大寺院をいくつも建て、驚くべき典型的な美と形のよさをもたらした人たちで、謙遜な立派な工匠たちである。彼らは十三世紀の温厚な肖像画家で建築家であり、質朴で無私な人たちであった。そればかりでなく、この工匠たちはあくまで真実な霊感に基づき、素朴な良心的な態度で仕事を遂行した。私がフランク先生の性格についてすでに述べたことから分かるように、これらの点は先生がこの工匠たちと共有しておられたところのものである。

近代の音楽家の中、その作品とその性格とにおいてセザール・フランク先生ほど純一で誠実であった人はほかにないと言って、なんら間違いではない。いったい芸術的良心というものは天才かどうかを試す試金石なのであるが、その芸術的良心がフランク先生ほど鋭い人は誰もなかった。

その証拠は先生の作品中のあるものにこれを見ることができる。実際のところ、真に芸術家の名前にふさわしい人は、自分自身が体験したものだけしか立派に表現することができない。真の芸術家は自分の性格に縁のない感情を表現するため、その手段として自分の芸術を用いることにはきわめて困難を感ずる。先生は他人の言行を悪くとることがお出来にならず、そのため、人間の邪悪を描写することには一度も成功されなかったのであって、これは注目すべきことである。先生の作品の中には余儀なく憎悪やその他の邪念、一口に言えば悪を取り扱われる場合があるが、いつでもそういう箇所は明らかに先生の作品中、最も力の足りない部分である。「至福」第五歌および第七歌に出てくる逆らう霊たち、不義なる者たちおよび暴君たちの合唱を見さえすれば、このことは納得できる。ましてこの曲の第七歌に登場する悪魔は、これらよりさらに大きい役割をなしているのであるから、その部分についてはなおさらのことである。この部分では魔王はちょうどコルネリウスやウィールツの描いた絵の中の悪鬼のように、もったいぶった芝居じみた様子で描写されている。

フランク先生は絶対音楽に優れておられたが、その他に福音書をはじめ聖書に出てくる場面に興味を抱かれた。しかしそれも当然であって、先生の才能がおのずから先生のこの上ない誠実な性格に順応したのである。それらの例をあげれば、「天使と幼子」「行列」「まぐさ桶のかたわらの聖母」「ルツ」「レベッカ」「贖罪」「至福」などである。例えばこの「至福」の中では輝く天使の群れがすべての義人たちに加わって、至高者の限りない完全さを宣べ伝えているのであるが、ここに出てくる天使はいかにもフィリッポ・リッピかジョヴァンニ・ダ・フィエーゾレあたりが想像しそうな天使である。

ところでフランスの大寺院を建築した工匠たちは、石の詩人とでもいうべき人々であるが、フランク先生の作品は、これら石の詩人たちの作品と同様にいずれも素晴らしい調和と神秘的な純粋さを持っている。世俗的な題材を扱われるときでさえ、先生はこの天使的な思想から抜けられない。先生の作品中この点に関して特に興味あるものがある。それは「プシュケ」であって、これはギリシア神話を音楽的にふえんしようとしたものである。

この曲は周知のとおり合唱部と管弦楽部とに分かれている。合唱部では各声部が古代劇の語り手の役割を果たし、第三者の立場からこの寓話を物語り、かつこれに対する意見を述べる。これに対し各管弦楽部はそれぞれ小交響詩であって、これは二人の登場人物、プシュケとエロスとが実際に演ずる芝居そのものである。

私たちはこの作品中の中心部を取り上げてみよう。それはプシュケとエロスとの「愛の二重唱」と呼び得るものである。これは人の魂とセラフ天使との間に交わされる天的な対話と解釈すべきであって、それ以外の解釈は困難であろう。すなわちその魂は『キリストに倣いて』を著した神秘主義者トマス・ア・ケンピスが考えたような魂であって、この魂に天からセラフ天使が遣わされて、永遠の真理を教えるのである。この曲は人を恍惚とさせる絵のような音楽であるが、少なくとも私はこの音楽からいつも右のような印象を受ける。

もしほかの作曲家が、これと同じ題材を取り扱うのだったらどうするであろうか。彼らは愛を描写するのに、すぐその官能的なごく現実的な面からするであろう。さもなければ慎み深い、宗教的に近い恋愛描写をするであろう。前者の例は、サン＝サーンスの交響詩「オンファールの糸車」に見られる。また後者の行き方は、数年前にたいそう流行したもので、その例はマスネの二つの聖カンタータ「イヴ」および「マグダラのマリア」にこれを見ることができる。

しかし、私はフランク先生の扱い方はこれらの行き方よりもっと優れていると思う。いったいプシュケの古代神話は中世の詩、さらには「ローエングリン」など近代の詩の中にさえもきわめて多く現れているが、先生はこの神話に対し右のようにむしろごく素朴な取り扱いをされることによって、この神話の持つ真の意味にほかの人々よりさらに近く迫っておられるとさえ私はあえて断言したい。

しかし、先生と十三世紀のフランスの工匠たちとの間の類似が最も明白に感じられるのは、特に構造に対する霊感においてである。すなわちこの工匠たちと同じようにフランク先生も素材の選び方が賢明である。また用いる材料の価値と性質とについて判断を誤られることがない。かつ最後にこれらの材料を用いていかに音楽の建築を組み立てたらよいか、またその音楽の建築物が完全に調和した頑丈なものとなるためには、それらの材料をどういう順序で並べるのが論理的であるか、これらのことに対して先生は驚くほどつり合いの取れた見方をされているのである。

前に述べたように、まずフランク先生の作品は純粋さと輝かしさとを持っており、この点で十六世紀以前の優れた時期たるイタリア初期の画家たちと結びつけて考えることができる。次に先生は、ほかの人々にははなはだ複雑と思われる音の組み合わせを容易に把握されることができた。そしてこのことは、先生がベルギーのワロン地方の出であることに基づくと考えられる。しかしそれだけでなく、さらに秩序と形の良さと均衡とに対する感覚が先生の作品を支配しているため、先生は依然として著しくフランス的なのである。

そしてドイツ人がフランク先生の音楽をいまだに理解しないのは、おそらく右の理由によるのであろう。私は彼らが先生を理解しないのは、彼らが偏見を持っているからだとか、芸術の本質を誤解しているからだとか思いたくない。私はドイツ人がいかにも深遠であることは、これを認めるのにやぶさかではない。しかし彼らは均衡と形のよさとに対する感覚が欠けている。そのため先生の音楽の持つ論理的明晰さは、ドイツ人に容易に受け入れられない。例えばワーグナーでは、ドイツのレーゲンスブルク市の近くにギリシア的なワルハラ城があることになっているが、これではしっくりしない。またベックリンの画布に描かれた絵は難解である。そしてリヒャルト・シュトラウスの交響詩はいかにも長すぎる。これらは右の点についての著しい例である。

芸術批評家の中には、多少なりともフランク先生について物の分かったことを書いている人々がある。しかしその中でも、先生の芸術上の性格のきわめてフランス的な面を最もよく理解し、最もよくそれを言い表しているのは哲学教授ギュスターヴ・ドゥルパ氏である。ドゥルパ氏は、「贖罪」の作曲者たるフランク先生の生涯、作品および先生の説かれた教えについてきわめて正確な研究を一八九七年に小冊子の形で発表した。世にはいわゆる「権威ある」批評家たちが書いた見せかけばかりの論説も数が少なくない。しかしフランク先生の精神をよく知っていたことにかけては、ドゥルパ氏の研究はそういうこけおどしの論説よりもずっと価値がある。けれどもこの小冊子は、おそらくもう探しても見つからないであろうから、私はいまこの論文から若干引用しようと思う。もし私がこれをしないならば、なすべきことを怠ったという咎《とが》めを受けることになるであろう。

ドゥルパ氏は芸術に対するワーグナーの意見とフランク先生自身の見解とを比較し、その途中でこう言っている。「セザール・フランクの神秘主義は魂の直接的表現である。そして聖なるものを喘ぎ求めるときでも、はっきりと自己を意識している。フランクにおける人間は愛と喜びと悲しみとが強調されるときも元のままにとどまっている。これは彼の神がキリストの福音によって示された神だからである。フランクの神は『ニーベルング』中のヴォータンとは全然異なる。それはちょうど真昼が青ざめた黄昏と異なるのと同様である。フランクはぼんやりした夢を見るのはドイツ人にまかせておいて、自分は良識と明らかな理性と道徳的均衡というフランス人的性格を固持している。この性格はおそらく私たちが十分に尊重することを忘れているところのものである。」

ドゥルパ氏はもっと後の方でこう付け加えている。「フランクが住む世界はきわめて明るい光で照らされ、真の生命の息吹によって生気を与えられている。フランクの音楽は私たちを獣にも天使にもしない。安定した釣り合いを保って、唯物的な猥雑さからも、疑わしい神秘主義の妄想からも相去ることが遠い。人間性は多くの積極的な喜びと悲しみを持っているが、フランクの音楽はその人間性をそっくりそのまま受け入れる。そして聖なるものに対する感覚を啓示し、それによってこの人間性を穏やかな平安の境にまで引き上げる。しかもその際、人の眼を眩《くら》ませることがない。したがってフランクの音楽は恍惚境を目指すのでなくて、観照を目的とする。彼の音楽を聴く人は、その恵みある力に素直に自分をまかせるがよい。そうすれば、自分の魂の中心は表面の動揺から逃れることができる。そして己が中にある最もよいものと共々に、この上なく慕わしくこの上なく叡智的なものに牽《ひ》かれてそのもののところに帰っていく。そのとき人は人間であることをやめないで、しかも神に近づくのである。フランクの音楽は詩の姉妹であるとともに、真に祈祷の姉妹である。私たちを意気地なくするどころか私たちの魂をその源泉へ連れ戻す。そしてそれによって私たちの魂に感激と光明と衝動との感謝すべき力を再び与える。それは私たちを天上の安息の都に導き帰すのである。」（文学博士哲学教授ギュスターヴ・ドゥルパ氏著『セザール・フランク――生涯、所説、および作品の研究』パリ、フィッシュバッハー、一八九七年〈Gustave Derepas, *César Franck: étude sur sa vie, son enseignement, son œuvre*, Paris, Fischbacher, 1897.〉）。ひとことで言えば、フランク先生の音楽は私たちを利己主義から愛にまで導くのであって、これは真の基督教神秘主義者たちのいわゆる「この世から魂にまで、魂から神にまで」という方法によるのである。

換言すれば、その方法とは「愛の心を抱き、自我を捨て去って自我より高く昇る」ことであって、これは最も優れた天才たちが本能的に取った道である。そしてこれがフランク先生の用いられた方法であって、ここに先生の音楽の秘密を解く手がかりがある。

私は今まで一般論を述べて色々と芸術的隔世遺伝の諸問題を取り扱ったが、それはこれだけにしておいて、今度は今までに論じたことをフランク先生の作品そのものに適用して考察してみたいと思う。私たちは先生の作品を総合的に分析してみれば、それから発散する古典主義の深い香りに必ず気付くであろう。ところでポール・デュカス氏は確実な優雅な筆致を用い、この上なく正確な観察眼で、先生の音楽の特色をよく理解した立派な論文を書いている。その中でデュカス氏は言う。「フランクの古典主義は、単に形式ばかりの古典主義ではない。すなわち規則どおり輪郭だけは整っているけれども内容は多少とも空疎であるような、そんな古典主義ではない。そのような古典主義は、ベートーヴェンやらそれ以後のメンデルスゾーンやらの模倣の結果であり、そういうものは今までに百も出てきたのである。このような古典主義は、役にも立たぬ伝統を重んずることから生ずるのであって、そのような作品が現在でも毎年作られている。なるほどフランクの音楽は、古典主義の天才的大家たちが用いた決まった型を好んで使用しているように見える。しかしフランクの音楽が美しいのは、それがソナタとか交響曲とかの形式をただ採用しているからだけではない。いったいソナタや交響曲の形式は非常に大きく、楽段が思いきり長い。ところがある種の思想は、それを十分に表現するためにはこのような大きな構造を必要とする。したがってソナタや交響曲の形式は、そういう種類の思想とうまく合致する。ところでこういう思想が展開していくためには、強い衝動がこれを動かすことが必要である。そういう衝動によって動かされさえすれば、ソナタや交響曲の形式が無理がなくおのずから組み立てられる。フランクの場合、こういった思想は古典的な思想であった。古典的だったというのは、つまり可能な限りにおいて普遍的であったということである。とにかくそういうわけで、フランクの思想は当然古典的形態をとっている。しかしそれは、ただ右に述べた理由によるにほかならない。決して先入の理論や反動的な教説をかざして、思想を形式に従属させようとしたことなどに基づくのではない。」

「身体においては機能が器官を作り出すのであるが、フランクのような真の古典主義の作品もそれと同様である。これらの作品は、多くの新古典主義者たちに見られるような形だけのものとは全然異なる。それは生きた有機体が解剖の模型と異なるのと同じである。真の古典主義の作品はその奥にある原理が隠れていて、そのため全体がしっかりとまとまっている。それに引きかえ、形式が思想によって生み出されたのではない場合は、その作品はまとまりがなく力が弱い。前者は栄えて永続するが、後者は衰えて死滅してしまう。」［注］

［注］「芸術新聞」〈*La Chronique des arts*〉一九〇四年第三十三号

以上の言葉につけ加えて、私自身で次のことを述べたい。すなわちフランク先生は、因習の奴隷にとどまることがなかったが、しかも絶えず伝統の泉から汲まれた。そしてまさにそうであったからこそ、先生の思想はこの上なく独創的となる力を得た。そして伝統の樹木から健全な力強い枝を出した。このようにして音楽の進歩に先生自身も貢献されるにいたったのである。

ベートーヴェンは古典主義の力が生み出した優れた作曲家である。しかしベートーヴェンが自分の芸術を磨いて、ついに天才の地位を占めるようになる前は、まず全く型どおりの交響曲を書くことから始めた。ところがその中、第三期（一八一五〜一八二七）の作品になって、彼は新しい道を開くにいたった。もっともベートーヴェン自身は、その新しい道をあまり遠くまでは進まないでしまった。しかし彼はとにかくこの新しい道を自分の後継者たちのために開いておいた。そして後継者たちが十分に強壮な気質を具え、途中で出会う危険を避ける手立てを知ってさえいるならば、自分で努力して切り進んで行かれるようにしておいたのであった。

この新しい道とは何か。それはベートーヴェンがソナタ形式を変形、あるいはむしろ革新したことにほかならない。いったいソナタ形式は、すべての交響楽芸術の素晴らしい基礎である。それは調和のとれた論理を持っているため、十七世紀以来すべての音楽家によって受け入れられた。ベートーヴェンはこの形式をどのように革新しようとしたか。それは、これまでソナタとは本質的に異なっていたほかの二つの形式を、ソナタの構造に結びつけることによってであった。ベートーヴェンがこの道を指示したのは、おそらく幾分無意識にしたのであろう。しかしそれにもかかわらず、これは決定的な意味を持っていた。

右の二つの形式とは、一つはフーガ形式である。これは、J・S・バッハとバッハ以前の人々、およびバッハと同時代の人々の手で言葉では表せないほどの素晴らしい輝きを与えられたものであった。もう一つの形式は大変奏曲形式である。ここでまず断わっておかなければならないのは、ハイドンの「主題と変奏曲」のことである。これはハイドンの時代の聴衆を喜ばせたものであり、また下って浪漫派時代になると、ピアニストたちが匙《さじ》を投げたものである。しかし私たちがここで問題にしている変奏曲形式は、このハイドンの変奏曲とは全然共通点を持たない。ベートーヴェン以前にいま問題としているこの変奏曲形式をすでに予想した者は、J・S・バッハである。バッハの中には何でも入っているのである。この変奏曲形式を予想したものとしては、バッハのほかには若干の作曲家のごく稀な例しかない。

このフーガと変奏曲との二つの形式は、おそらく伝統的な形式でありながら、しかもその生命力は次第に衰えかかっているように見えた。ところがこの二つをベートーヴェンが用いて、ソナタの弱りかかった形式を再び活かそうとした。そしてこれが音楽構造の新しい組織の出発点となった。それは新しい組織でありながら、しかもしっかりと古典主義の伝統に根ざしているものであった。

私はここでベートーヴェンの音楽の歴史的叙述を試みるわけにはいかない。ただ、右に述べたようにベートーヴェンがソナタ形式を変形させたことの実例として、ピアノソナタ作品一〇六、一一〇および弦楽四重奏曲作品一二七、一三一、一三二だけを挙げようと思う。これらの作品はいずれも時代より先に進んでいたものである。もし読者諸君が注意深くこれらの作品を研究されるならば、私が今まで述べたことの意味を了解されるであろう。

ベートーヴェンはこの二つの巨大な篝火《かがりび》を焚いて道を開き、これを照らした後に死去した。そして奇妙なことにはその当時三大芸術国の人々のうち、この光を認めた者はおそらく誰もなかった。イタリアは十六世紀には音楽の誇りであったにもかかわらず、この当時は低俗なものに堕落していた。そしてイタリアは今日にいたってもその状態から立ち戻っていない。一方、フランスはちょうどユダヤ派の歌劇で夢中になっていたため、交響楽の分野では何も作り出さなかった。オンスローのどの楽器にもあてはまる五重奏曲などは、この意味ではグノーの弦楽四重奏曲やアレヴィの序曲やマイアベーアの行進曲と比べてなんら優れたところがない。またベルリオーズは自分の著書の中ではベートーヴェンを熱烈に礼賛しているが、しかし彼が真にベートーヴェンを理解していたかどうかといえば、これはまだ明らかにされていない問題である。とにかくベルリオーズは自分の作品の中では遠く遠くベートーヴェンから離れていた。ベルリオーズは「幻想交響曲」や「ファウストの劫罰」の作者、ベートーヴェンは「荘厳ミサ曲」や「弦楽四重奏曲第十二番」を構想した人である。芸術の創作にあたって、これほど両極端の思想を持っていた二人をほかに探すことは困難であろう。

それではドイツはどうであったか。ドイツはベートーヴェンの指示したところのものからなんらの益を受けなかった。作曲家の中、一人として彼の遺産を引き継ごうと試みた者はなかった。この遺産は北欧の伝説に出てくる剣のように、最も優れた人のために遺されたのであった。

メンデルスゾーンの優雅な交響曲も、シュポアの交響曲も、古い形式になんら新しい要素を寄与したものではなかった。またシューベルトとシューマンとは、なるほど歌曲と小器楽曲との領域ではいかにも自然的であり、実に独創的であるが、しかしソナタや交響曲ではかなり制限を受けている。おそらくシュポアとメンデルスゾーンとは知るべき事柄をあまりに知りすぎていたのであり、これに対してシューベルトとシューマンとはその同じ事柄を反対に知らなすぎたのである。次にブラームスは展開に対する感覚にかけては誇張でなしにベートーヴェンに肩を並べる人である。しかしせっかくベートーヴェンが未来の世代のために貴重な教えを残しているのに、ブラームスはどうすればその貴重な教えから益を得ることができるか、ということを知らなかった。したがってブラームスの「交響曲」という重い行李《こうり》の中に収められたものは、ベートーヴェンからの発展でなくて、ただその継続と見なすべきものである。

このようにしてベートーヴェンの語った談話の糸は、運命によって断ち切られたまま誰にも用いられるところとならずにいた。ところが、ついに一人の十九歳の若者がこの糸を自分自身の思想に結びつけることを考えついた。彼はこの糸で新しい音楽形式と表現との間をしっかり繋ごうとしたのである。

このようにして一八四一年の暮れ近く、すなわちベートーヴェンが死んで十四年経ってから、リエージュ出身のセザール・フランク先生がその最初の「三重奏曲」（嬰へ調）を書かれた。フランク先生がここで思いつかれたのは、一つの主題を土台として一つの重要な曲を組み立て、この主題と同時にほかの数旋律を用い、それらをもこの曲の途中で再現させ、このようにして一つの音楽の輪環を作ることであった。フランク先生以前にこの輪環形式を予想したのはリストだけであり、しかもそのリストでさえもこれを完全に発展させるまでにはいたらなかった。ところがフランク先生が右の「三重奏曲」を作られたときは、先生はパリ音楽院の若い学生にすぎなかった。そのフランク先生がどのようにして以上のことを思いつかれたかは謎であって、この謎はおそらく永遠に解かれることはないであろう。

いずれにしてもこの最初の「三重奏曲」では、二つの主題が多くのものを生み出している。そしてこの二つが、ベートーヴェンの意図したのと同様に、あるいはフーガ的にあるいは変奏曲の形式で取り扱われている。そしてこの曲は、実に十九世紀後半にフランスに現れた総合的交響楽派全体の出発点となった。そういうわけで、この曲は音楽史上の一重要事件である。

フランク先生の作品中、「ソナタ」、「五重奏曲」、崇高な「四重奏曲」、「オルガンコラール」および「至福」は、いずれも先生が真に創造的な精神によってベートーヴェンの遺産を同化された結果である。

そういうわけで、フランク先生の作品の構造とその総合的形態とには、伝統と古典主義との融合が見られる。そしてその結果、先生の個性の表現はきわめて自由である。すなわち先生は自分の個性がしっかりと伝統に支えられていることを自覚しておられたため、旋律の運びや和声の集合に関しては、自分の思いどおり自由にされることができたのである。すでに引用した同じ論文でポール・デュカス氏はさらに次のように述べているが、これは実に至言である。曰く「セザール・フランクの語る言葉は、全然フランクだけのものである。その訛《なま》りからもその語風からもフランクの用語は、それまで誰にも用いられたことのないものである。それはほかのすべての慣用語の中ですぐ見分けがつく。音楽家がフランクの作った楽句を一つ聴けば、たとえそれが自分の知らない楽句でも、即座にその作曲者を当てることができるであろう。ワーグナーやショパンでもそうであるが、フランクの作風も特徴ある和声と旋律線によってほかの音楽家の作風から明瞭に区別される。いったい古典芸術には独特の幅の広い表現、および一般的な非個人的な音調があるのであって、このような表現と音調とを用いることは、フランクのような強い独創力を持った音楽家だけに許されることであろう。フランクは伝統的形式がもたらした右のような表現法を採用しながら、しかも彼はそれまで誰も知らなかったような音の使い方をそれと結びつけたのである。ここにセザール・フランクの音楽の偉大さがあるといっても過言でない。」

右の観察が正しいことを理解するためには、先生の作風をさらに綿密に分析する必要がある。これは私たちがこの先でしようとすることであるが、そのような分析をすれば次のようなことが分かる。すなわち先生は自分の心の奥底にきわめて明晰な決定的な誠実な芸術的思想を抱かれたのであるが、先生はいつもその思想を音楽表現上の三つの本源的要素に良心的に適用されたのであって、それだからこそ先生の作品が斬新な他人の真似でない独創である、との感じを与えるのである。右に言う三つの本源的要素とは、旋律、和声、および律動である。実にフランク先生の作風の主な特色は、ほかでもなく次の三点に存する。すなわち、

一、旋律が気品があり豊かな表情を持っていること。
二、その和声の組み合わせが独創的であること。
三、その音楽構造が充実した律動を持っていること。

まず、私たちの先生は最高の意味で旋律主義者であられた。先生の作られた主題は、十九世紀の大半におけるイタリア歌劇の観客たちが旋律と誤解したものとはなんら共通点を持たない。また近ごろのある音楽の中には動機と称する短い音の連続があるが、これは先生の主題とは似てもつかないものである。フランク先生の主題は真の旋律であって、それは真面目な堅実な基礎の上に十分のゆとりをもって建てられている。先生は主題を探すのに決して急がず、ゆっくり探された。そしてほとんど大抵の場合はそれを探しあてられた。先生の音楽の中ではすべての旋律が絶えず歌い続ける。先生は輪郭が明確でないような曲などは想像されることができなかった。ちょうどそれは、画家アングルにとっては絵はすべて申し分ない線描を持つべきであって、線描の不十分な絵は絵とは考えられなかったのと同じであった。

そしてフランク先生の和声が独創的であるのも、このように旋律が豊富であることによる。

単に和声だけを重んずる作曲家は音楽を縦に見るにすぎない。そういう人たちは自分で和声を狭い枠に入れて考え、それ以上の高い見地から物を見ることができない。この人たちは和声を互いに連絡のない平凡な繋ぎ方で並べるだけである。しかし私たちは中世の対位法主義者たちの有益な原則に従って、音楽を縦にでなく横に見ることを知らねばならない。私たちがもしこの見方を取って眺めるならば次のことに気がつく。すなわち先生に見るこの種の音楽では、色々な旋律の楽句がいくつも上に重ねられている。そしてそれらの旋律の輪郭が一種特別な音の結合を構成している。こういう音の結合の仕方は、右に述べた和声主義者たちの和音の並べ方よりずっと力強い興味ある様式を作るのである。

しかしフランク先生がほかの作曲家と全然異なった独特な地位を築き上げられたのは、主として最も広い意味での律動の分野においてであった。私がここに「律動」と呼ぶものは、もし読者諸君がお望みならば「音楽構造」と言い直してもよい。先生はベートーヴェンが未完成で残した構成法をそのまま引き継いでこれを発展させ、現在私たちが循環形式と呼ぶものを創造された。この発見は交響楽に対してきわめて重要な意味を持っている。それはワーグナーの手法が歌劇に対して持つ重要さと同じくらいである。このようにしてフランク先生は過去の偉大な古典の伝統の上に新しい音楽構造を築かれた。これについて私はまもなく、著しい例を若干あげるであろう。

さらにつけ加えて言おう。フランク先生のときまでに音楽の偉大な天才たちは、数々の伝統を残し、これによって確実な不動の原則が立てられていた。フランク先生はこれらの原則を固守されながら、しかも音楽のすべての分野に新しい形態、いわば新しい潮流を見出そうとされたのであって、これが先生の全生涯の主な関心事であったのである。

二　先生の愛好された音楽

フランク先生の作品全体をくわしく研究する前に、私は先生の愛好された音楽、および先生の作曲の方法について少しばかり述べてみたいと思う。ここに「作曲の方法」と言ったのは、あるいは「作曲上の習慣」と言うべきであるかもしれない。しかし先生がその「習慣」を意識して「方法」にまで高められていたとすれば、やはり「方法」と呼んで差し支えないと思う。

フランク先生が最初に愛好された音楽は、十八世紀末のフランスの音楽家たちの作品であった。これはいわば先生の最初の愛人とでも言うべきものである。そしてここに私たちは前述した民族的隔世遺伝の証拠を見る。その音楽家たちにはモンシニー、ダレーラク、グレトリ、およびメユールがある。モンシニーの歌劇「脱走兵」は優美な表現を持つ小傑作であって、フランク先生はこれに対して限りない賛嘆の念を抱かれた。また先生はいまだ若い頃、ダレーラクの歌劇からいくつか主題をとり、それに基づいてピアノ曲を書かれた。［注一］

グレトリの音楽のあるものに対しては、先生は円熟期に達された後でさえも、心から感動をもってその楽譜を読まれた。またメユールの「ヨセフ」には、先生は全く心を奪われられた。アルテュール・コカール氏はこう書いている。［注二］「『ウフロジーヌとコラダン』中に嫉妬の気持ちを述べた見事な二重唱があるが、フランク先生はある日たまたまこの歌に接せられた。そのときの先生の喜びと感激とは到底言葉では表せないほどであった。先生は有頂天でこれを何回も通して歌われた。そしてピアノの前から立ち上がり、感動のあまり早口で『これこそ劇音楽というものだ。これこそ音楽というものだ！』と言われた。私は今でもそのフランク先生の様子が眼に見えるようである。」

［注一］「ギュリスタン」によるピアノのための二つの幻想曲（作品年表参照）。

［注二］A・コカール著『セザール・フランク』〈A. Coquard, *César Franck*〉。これは一八九〇年に小冊子の形で出版され、さらに一九〇四年に「音楽世界」〈*Monde musical*〉誌に載せられた。

フランク先生の作曲生活の第一期は、ほとんど二十年という長い期間にわたったが、その間に先生は「ストラトニス」の作曲者メユールからの暗示に基づいて、実にしばしば旋律上の霊感を得られた。「三重奏曲」第一番および第四番中のある主題、ピアノのための「バラードロ長調」の主題、また「ルツ」やさらにはそれ以後の作品中の多くの頁を見るがよい。このように先生の第一期の作品中にはメユールの動機に基づくと見なされるものがたくさんあるが、しかも同時にそこにはほんの微かではあるが、まごう方ない先生独特の持ち味が表れていると言えるかもしれない（この持ち味は後に先生の旋律の典型的な匂いとなったものである）。ちょうどそれは、ベートーヴェンのごく初期の作品中のモーツァルト的な旋律の中に、ベートーヴェンの将来の苦悩の暗示が見られるのと同様である。

右に述べたように、フランク先生は自分の好きなフランスの大家たちから旋律の様式を学ばれたのであるが、しかし先生がその様式を同化し独創化しはじめられたのは、やっとその発展の第二期になってからであった。しかも先生はそのほかに、バッハ、ベートーヴェンおよびグルックの影響を受けられるにいたり、ついには前述のあの霊感に溢れた独特の旋律が生まれるようになった。その先生独特の旋律は、初期のオルガン曲から「至福」にいたるまでこれを見ることができる。この独特の旋律は思慮ある音楽家ならば、ほかの作曲家のものと間違うことなどはあり得ないものである。

フランク先生が愛好された音楽をさらに列挙するにあたって、私は次のことを述べなければならない。すなわち先生の眼には、ある種の偉大な作品が実に絶対的な美を具現したものと映じたのであって、先生は時折そういう作品に心を奪われてすべての付随的な事柄を忘れてしまわれることがあった。アンリ・デュパルクはヴォージラール大学における先生の幾回かのピアノの授業のことを記憶しているが、彼によるとそれらの授業中、先生は「タウリスのイフィゲニア」中の一幕やらバッハのオルガン作品の数々やらウェーバーの「オイリアンテ」中の数箇所やらを夢中で楽譜から弾いて聴かせて、時間を全部費やしてしまわれることがあったそうである。

そしてそのようにして先生の授業時間は瞬く間に過ぎ去ってしまい、そのため先生は、授業をそんな脱線で過ごしてしまって、音階や適当な練習曲を十分にさせて生徒たちの指を訓練させなかったと言って、気の毒にもすっかり後悔されるのであったという。けれどもこれらの若い生徒たちの心には、このような作品に関する授業の方がずっと貴重であったに違いない。

メユール、グルック、バッハおよびベートーヴェンは、先生の絶えることない賞賛の的であった。しかしまた親しみ深い旋律の作曲者の中にも先生が大いに愛好されたものがある。例えばシューマンとかシューベルトとかがそれである。ことにシューベルトの歌曲集は先生にいつも新鮮な喜びを与える泉であった。またこれは何故かちょっと説明がつかないことであるが、先生はケルビーニの作品中のあるものに対しても愛着を感じておられた。先生が愛好されたものとしては、そのほかにもCh・ヴァランタン・アルカンの前奏曲と歌曲がある。先生はこのアルカンを「ピアノの詩人」と考えておられた。

先生が旋律の上でほかから受けられた影響の個々のものをここで具体的に探し出して、それらが誰からの影響であるか、いちいち説明を試みたところで何の役にも立たないと思う。

例えば、私は「至福」第四歌の中心主題

のように時折J・S・バッハに似た旋律線を指摘することができる。しかしこれは先生が偉大

な合唱長バッハの芸術を崇拝しておられたことを思えば、たいして驚くにはあたらない。さらに私は交響曲の第一主題

さらには「至福」第三歌の第一主題

とベートーヴェンの「弦楽四重奏曲作品一三五」の終わりの、謎のような問い

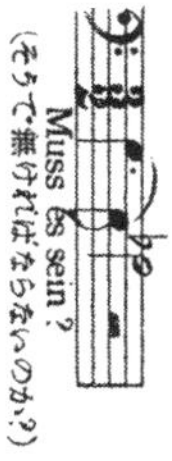

との間の類似を挙げることもできる。これは美的見地から見て奇妙な暗合と言える。さらには「至福」中の若干のやや劣った箇所、例えば、

などは、マイアベーアの作風に似ている。あるいはまた「アイオリスの人々」中の半音階的進行には、ワーグナーからの影響が僅かな痕跡を残している。またおそらく全然無意識にではあろうが、ピアノのための「前奏曲、コラールとフーガ」には同じワーグナーの「パルジファル」中の「鐘の動機」が用いられている（私たちはフランク先生が真に当時のワーグナーの徒の一人であったと見ることはできないが、しかし先生が熱心にワーグナーを研究された時期があったのを私は記憶している）。——いずれにせよ私が以上の諸例を全部並べ、これに対して読者の注意を喚起してみたところで、どれだけの価値があろう。それで私がすでに観察したこと以上によく私の先生の作風を説明したと言えるであろうか？　私はそうは思わない。その上、旋律上の類似はあまり重要視すべきではないと私は信ずる。十五、十六両世紀の対位法と複音楽《ポリフォニー》の偉大な作曲家たちの場合を取って考えてみるがよい。この大家たちも互いに同じ主題を扱っている場合が実にしばしばあるのであるが、それにもかかわらず、なんらめいめいの持つ独創性を失いはしなかったのである。

三　先生の作曲法

本書の第一部で私は作曲にあたっての先生の規則的な習慣を述べた。そして先生は教師であられたため、作曲にあてられる時間が比較的僅かしかなかったのに、その僅かの時間を用いて精を出して仕事をされた、と言った。それでは先生はその貴重な時間を利用してどのような仕事をされたか。私は約二十年間先生を観察する機会を持ったのであるから、その観察に基づいてこの事柄を少し述べてみたいと思う。

私はあまり技術的な細かい点にまで立ち入って論ずるつもりはない。しかし、ここでぜひとも読者諸君に思い出していただきたい、ないしは知っていただきたいことがある。すなわち造形芸術でも、音楽芸術でも同じであるが、もし芸術家が自分の思想を誠実に表現することを真に望むならば、その創作は三つのはっきり異なった制作段階を必要とする。すなわちその作品を初めて心に抱く発想の段階、その発想に基づいて具体的に構想を練る段階、および練った構想に基づいて実際に制作する段階がこれである。

その最初のもの、すなわち私たちが発想の段階と名づけたものは、さらに二つの働きに分けられる。すなわち総合的、および分析的発想である。総合的発想とは交響楽作曲家にとってはどういうことか。それは曲の大体の輪郭と全体の構造を定めることである。これに対して分析的発想とは曲の構成要素たる主題を決めることである。この主題は楽想であって、これが曲の構造の上で主要な部分となるのである。

この二つの発想の働きは一般に相続いてなされる。しかも二つは互いに関係があり、互いに限定し合う。なぜなら芸術創作者は楽想（個人的要素）の性質如何によっては、予定した構造をも変更することがある。また他方、曲の構造（普遍的要素）の性質如何によってはある特定の楽想だけが要求され、ほかの楽想は除外されることがある。しかし総合的発想も分析的発想も時間、場所、および環境の支配は全然受けない。否それは芸術家の意のままにすらならないと言える。芸術家は自分の作品の素材が自分の心に現れるのを待たねばならない。しかもその素材はこの上なく申し分ない姿で現れるべきものなのである。この素材は曲の形態を左右するものであるし、同時にその形態によって影響を受けるのである。

発想とはこのように不思議なものであるが、この発想の期間はときによって長く続くことがある。ことにベートーヴェンの覚え書きなどを見ても分かるように、大作曲家の場合に特にこのことが言われる。いったい大作曲家は鋭い芸術的良心を持っている。したがって彼らはどういう表現をなすべきかについて実に厳格な選択をする。そうせずには気が済まないのである。それに反して、二流音楽家あるいは自分の才能にのぼせ上がっている人たちは、最初に浮かんだ思いつきで満足してしまう。しかしそういう思いつきは低い価値しか持たない。だからこのような思いつきによって作られる曲は脆い儚いものにすぎない。

作曲創作の第二段階は、構想を練る段階と私たちが呼ぶところのものである。この段階では芸術家はあらかじめ発想によって得た要素に基づいて、作品の構造を全体としても、またごく細部にわたっても具体的にはっきり決定するのである。

この仕事はやはりある程度の創造作用を必要とする。この段階ではときに躊躇とつらい不確実さとを長い間経験することがある。すなわち作曲家は、一日前にそれこそ苦心して作り上げたものを次の日には壊さなくてはならない場合がある。しかしまたこの時期に作曲家は、「美しいもの」との親しい交わりに心からの喜びを味わう。

このようにして感情と想像力とが一つの曲を心に抱き、知性がこれを組み立て終わると、最後に実際に制作する段階にはいる。しかし熟練した作曲家にとっては、この仕事は単なる遊戯と同様である。この段階では実際に筆を取り、もし必要ならば器楽編成をし、完成した曲を紙の上に形にして表すのである。

曲の全体の総合的発想の過程とそれを実際に紙に書き上げる過程は、どの作曲家についても大体同様であるかもしれない。しかし主題を思いつく分析的発想の過程、および各要素を配列して構想を練る過程にかけては決して同様ではない。ある音楽家は自分の思想が花と開くのを辛抱強く待たねばならないし、またある音楽家は反対にがむしゃらな手段で自分に刺激を与えて思想を無理に得ようと努力する。さらにまたベートーヴェンのように、たった一つの楽想について信じられないほど多くの異なった輪郭を、熱に浮かされたように性急に書きとめる音楽家があるかと思えば、バッハのように主題が自分の心の中ではっきり出来上がらないうちは筆を取ろうとしない音楽家もある。

フランク「お父さん」はグルックやその他の数多い人々と同様、楽想を思いつくのにある刺激を必要とした人であった。しかし先生は霊感を得るためには、不自然な刺激剤の代わりに音楽そのものを用いられた。

先生がワーグナーの「ニュルンベルクのマイスタージンガー」の前奏曲とかバッハ、ベートーヴェンあるいはシューマンの作品のどれかを、まるで叩きつけるように、最強音をいやがうえにも強めてピアノに向かって弾きまくっておられるのを私たちは実によく見かけた。ところがこのようにだいぶ長いこと弾かれてから、その耳を聾する響きが囁きに変わり、ついに音が鳴りやんでしまう――それは先生が楽想を見出されたからであった。

このように音楽をやかましく鳴らすことによって霊感を得るという方法は、先生が一生涯の間できるだけ用いられた方法であった。先生がその最後の諸作品を作曲しておられた間のことである。ある日、先生の教えておられた学生の一人が先生の様子を見ると、先生は何かピアノ曲を弾いておられたのであるが、それはまるでその曲と格闘して、それを無残に殺してしまおうとでもされているような様子であった。その学生が先生がそのとき弾いておられた曲に対して驚きを感じ、そのことを先生に言うと、先生は答えて「いやなに、ちょっと準備工作をしていただけさ。どうしても何かよいものを見つけたいときは『至福』を通して弾くことにしているんだ。これが一番だよ」と言われたという。

先生は作曲家にとってはなはだ貴重な二つの能力を持っておられた。一つは、二つの音楽上の仕事を同時に互いに何の差し障りもなく遂行する能力である。もう一つは、ほかのどの能力よりももっと貴重な能力である。それは仕事を途中でやめてまた続けられるとき、全然手間取らず、やめたその場所からすぐ始められることができたことであった。

先生は自分の授業に対してはきわめて良心的であられた。ところがそれにもかかわらず、次のようなことがよくあった。すなわち先生は授業の最中に急に立ち上がり、忘れないように自分の部屋の隅で数小節を書きつけ、それから弟子のところに戻って前のとおり授業を続け、自分で手本を示したり、弟子にさせて試験したりすることをされた。先生は重要な作品をこういう風にして断片的にあちこちに書きとめて作られた。しかもそうして作られた作品が、なおかつばらばらでなくて筋道が通っているのであった。先生が最も意を用いられたのは自分の思想をどう配列するかということであった。先生は前述のように古典の伝統に従われたが、しかも一生涯渇望し続けられたものは何かといえば、それは作品の構造とその構成要素との新しい形態を見出すことであった。ベートーヴェンは主題と要素との覚え書きは無数に書いた。しかし彼はいったんその主題が見つかれば、それでもうあとは何の苦もなく一つの曲の展開をすっかり計算できたらしい。なぜならベートーヴェンの覚書帳を見ると、彼は曲の展開を記入するのをしばしば怠っているからである。それに引きかえ、フランク先生は幾頁も鉛筆で書いては消し書いては消ししてからやっと一つの作品の構造をはっきり決められた。

他人の作った音楽の構造について先生は多分に批判的であられたが、しかし自分自身に対してはさらにもっと厳しくあられた。そして先生は関係調の選択とか展開の仕方とかで疑問があると、進んで弟子たちに相談された。そして自分の当惑していることを弟子たちに打ち明け、彼たちの意見を求められた。

作曲家で十分長生きした人ならば、大抵その創作活動が三つの時期に分かれるのが普通である。ここには色々異論もあろうけれど、しかしこれが自然の法則であると思われる。セザール・フランク先生の音楽について見ても、やはりこの法則に従って三つの段階にはっきり区別がつく。そして、その各々の段階が先生の生涯中のなんらかの外部的な変化に対応している。それらの段階の各作品は、それぞれの時期における先生の十分な発展を示し、その時期の完全な開花なのである。その各々の様式は形態の上からそれぞれの時期を総合し、その特徴を全部表示している。

そういうわけで私は先生の生涯を三つの時期に分けることとする。その第一期は一八四一年から一八五八年までであって、この時期には四つの「ピアノ三重奏曲」、やがては消えゆくべきピアノ曲、および数々の歌曲がある。この時期の頂点をなすものは先生の最初のオラトリオ「ルツ」である。

第二期は一八五八年から一八七二年にいたる。これは先生が宗教音楽、ミサ曲、モテット、オルガン曲などを作曲された時期である。この時期の最後に作られたものに、先生の第二のオラトリオたる「贖罪」がある。

フランク先生の第三期は一八七五年以降の管弦楽全部、見事な室内楽曲の数々、二つの歌劇、および最後のオルガンコラールを含む。この時期の結晶をなすものに、崇高な叙事詩である「至福」がある。

私はいまや先生の主要作品を歴史的かつ分析的にできるだけ簡潔に吟味して、読者諸君に述べてみたいと思う。

四　第一期（一八四二〜一八五八）

以前には、ワーグナーの作品をとやかく批評するのは、大それたことだと思われていた時期があった。もしその頃、誰かがワーグナーに熱中している人々の面前で「タンホイザー」や「さまよえるオランダ人」が技法の上で「トリスタンとイゾルデ」や「パルジファル」よりも劣っているなどと大胆なことを言ったら、それを聞いたワーグナー崇拝者たちはひ、き、つ、けでも起こしかねなかったものである。先入主に囚われている人々は、いつの時代でもそうしたものである。そういう人々は自分で自分の意見を考え抜こうとはしない、またできない。これは天才人を偶像視しようとする傾向であって、これは物事を公平に判断するという目的にはそわない。それは確かであるが、それでも私自身について言えば、なおかつそういう傾向に私は何かしら心を打たれないわけにはいかない。けれどもともとにかく、いま私はフランク先生の批評を書こうと企てているのである。だからたとえ私が先生を慕い、その死を悼む心には今後も変わりがないにしても、そういう私情に駆られた判断は差し控えなければならない。なぜならそういう判断は、どうしても偏ったものになってしまうからである。だから私はここで勇を鼓して次のことを言わねばならない。すなわちフランク先生の初期の作風は、なるほどきわめて興味ある特色を示している。しかし後年には先生の芸術は驚くべき壮大さと斬新さと崇高さとをもたらすにいたったのであるが、それに引きかえ、初期の作品は決してそういうものの全部を予示するものではなかった。

　もちろんある特定の典型的な作品は別であるが、しかしこの第一期においては、先生の個性は外部からの影響によってかなりの程度まで吸収されてしまっている。その外部からの影響とは「三重奏曲」ではベートーヴェンであり、ピアノ曲ではリストおよび浪漫派であるし、最後に全声楽作品ではメユールおよび十八世紀後期のフランス楽派であった。これらの影響は、先生の旋律の全体的特徴および作品の構造の上に特に著しく見られる。先生の第二期および第三期の主な特色たる総合的律動と音楽構造とは、この第一期にはほとんど存在しない。かえって第一期の大部分の作品の構造には、一種の当惑した臆病な態度がはっきり見られるのであって、それが私たちを驚かせる。そんなわけでこれらの作品は全く単調なものとなっている。また三十年後の先生なら弟子たちに対して決して許されなかったような欠点さえも、これらの中に存在する。

　しかしこれは一般論であって、それには多少の例外がある。私はすでにその一つに対しては注意を促しておいた。それはすなわち最初の「三重奏曲嬰ヘ調」である。これは先生が作品一の中に入れられたため、なおさら注目すべき曲となっている。しかし私は、証明はできないけれども、若干のピアノ曲と数個の歌曲の方がこの「三重奏曲」よりも前に作られたものである

主題A
対主題a

と見たい。

作品一は「リエージュ出身セザール・オーギュスト・フランクによってベルギー国王レオポルド一世陛下に献げられたピアノ、ヴァイオリンおよびチェロのための協奏三重奏曲」という標題で公にされた。初版はシューベルト書店（ハンブルグおよびライプツィヒ）が三ターレルの定価でこれを出版したが、フランスにおけるこの作品の権利は作曲者たる先生が保有された。

「三重奏曲嬰ヘ調」は二つの循環する中心主題の上に築かれている。この二つの主題の中、第一のものＡはこの作品の全三楽章の基礎であり、これが色々に変形してこの曲の展開部の大部分を構成する。他方第二主題Ｂは変形せずに各楽章で十分に再現する。

もしこの作品に浪漫主義的起源を考えることが許されるならば、次のように言えるかもしれない。すなわち第一主題は入り組んだ罠をかけ、色々巧みに姿を変えてせかせかと動き、第二主題を騙し込もうと努力する。しかし、第二主題はその素朴な落ち着いた純粋さを唯一の力として、最後まで自分を守り通すのである。

これら二つの基本主題の中の第一のものＡは活動的な役割を務

めており、そのためこれは複雑な性格を持っている。この主題は一つの対主題ａを必然的に伴う。この対主題は主題に従うときもあり、独りで動くときもあり、色々であるが、とにかくこれはこの作品の主題の構造の上から、最も活発な働きをしている。

第一楽章はアンダンテの形で五段から成り立っているが、これらは二つの基本主題ＡとＢの提示部にほかならない。主題Ａは第一・第三および第四の主題である。これに対して主題Ｂは旋律的な主題であって、これが第二および第五段の主題となって嬰へ長調を導入し、この調で第一楽章が終わる。後年、先生は同じこれらの嬰記号の調を用いてあれほど崇高な霊感に溢れた主題を作るにいたられたが、このような先生の嬰記号の調に対する偏愛は、この初期の作品にすでに表れている。

このアンダンテ楽章はイタリアの古い様式に従って書かれているのであるが、その中でなされる転調が、ただ短調から長調への変化にすぎないことは注目に値する。つまりこの楽章は後に続く各楽章で活躍する二人の役者を単に紹介だけしているのであって、それは取りも直さず作曲者自身の意図したところである。

第二楽章は下属調たるロ短調の大スケルツォ形式で、二つのトリオ部を持ち、ベートーヴェ

ンの「四重奏曲第十番」および「第十四番」の跡を克明に辿っている。ただしこの曲のベートーヴェンと異なる特徴としては、この楽章の最高潮たる第二トリオ部が根本主題Bによって形成されている。またその土台となる律動は、すでに最初のアンダンテ楽章に見られたものであり、しかもこれは第一トリオ部の主要主題として用いられた律動と同じものである。

前のアンダンテ楽章と同じように、このスケルツォ楽章もその転調は単に長短両調の間の変化にすぎない。しかしこの楽章自体の主題が対主題aと結合し、後には主題Aと結合して巧みな展開を見せ、その後この楽章は嬰ヘ長調の圧倒的な終楽章にまっしぐらに飛び込む。この終楽章の主旋律は、大まかな素朴さを持っている。そしてそれは最初の根本主題Aを表情豊かにふえんしたものにほかならない。同様にこれと論理的に釣り合いを保って、この終楽章の第二主題が（属調の嬰ハの代わりに変ニ長調で）提示され、それが絶え間ないチェロのピチカートの上に聴こえる。そしてその律動は対主題aの律動と同じものである。

この終楽章は第一楽章形式（ソナタ形式）を具えている。そしてその展開部は絶えず光明に向かって前進するかのような印象を与える。ところが終楽章に特有の楽想が奇妙にも主題Aと対主題aとの両方を同時に連想させる。この楽章の挿入部はニ長調で書かれ、それはほとんど劇的とさえ言えるものである。この挿入部にいたって終楽章は最高潮に達し、次いで再現部に移っていく。

そしてこの作品の最後を飾るため、最初の主題がまたそっくりそのまま現れ、嬰へ長調で凱歌を奏してこの曲を終える。先生は後にいたって、各調の種々な結合による色合いの濃淡の変化をきわめて適切に用いられたのであるが、そのような濃淡の色合いを示しているのは、この曲の三つの楽章の中で終楽章だけである。

言葉というものは文学にはふさわしいが、音楽を叙述するのには不完全なものである。それにもかかわらず、私がこの作品の分析を長々とした訳は、どのくらいまでフランク先生の芸術が、ベートーヴェンの最後期のソナタおよび四重奏曲と関係があるかを示すことが重要だったからである。

「三重奏曲第二番」および「第三番」の方は簡単に触れるだけでよいと思う。「第二番」（変ロ長調）は少なからずウェーバーとシューベルトの影響を受けている。先生はこれに対して「サロンの三重奏曲」という変わった、制限的な名称をつけておられる。この曲のアンダンテ楽章および特に終楽章には少しばかり律動の上で新しい試みが見られる。しかしそれ以外はあまり興味ある点はない。「三重奏曲第三番」はロ短調で書かれている。この曲の展開部は「第一番」と「第二番」の場合よりも簡潔である。そしてその中心楽想に関する限り、この曲は私がいま分析を試みた「第一番」とまともには比べものにならない。ただその終楽章だけがベートーヴェン的精神で書かれている。この楽章では律動が奇妙な交替をなし、また旋律が巧みに組み合わせられている。この終楽章はその前の楽章よりずっと後になって書かれたものである。私は先生がそうされた理由をすぐ述べることとする。

「三重奏曲第四番」(作品二)もロ短調で書かれている。これには「友人フランツ・リストに献ず」との献題の辞がつけられている。この曲のフランスにおける著作権は、出版者シュレジンガーが保有している。この作品には一つの物語があるのであって、それは先生がしばしば私たちに話してくださったところである。

私たちが本書の第一部で見たように、一八四二年に青年フランク先生が余儀なくパリ音楽院を退学された後、先生はブリュッセルにおられた。その当時、リストは名演奏家としての名声の絶頂にあり、ブリュッセル中いたるところの客間に招かれては来客を驚嘆させ、あらゆる女性の心を奪っていた。ところでこの大ピアニスト、リストは芸術界においては稀にしか見られない美徳を持っていた。すなわち彼はその全生涯の間、同じ音楽家仲間、なかんずく真に芸術的感情を具えていると思われる者に対しては、誰にでも心からの好意を示すことを惜しまなかった。そしてリストは僅か二十歳の作曲家フランク先生がその最初の試作を見てもらうために彼のところに行かれたときも、やはり喜んでこれを受け入れた。

リストは見せられた三つの「三重奏曲」に非常に興味を抱いた。そして第三の「三重奏曲ロ短調」の終楽章を口を極めて褒め、「この楽章はこれだけで完全で、これだけ別に出版する価値があると思う。私はいつもこのままでこれを弾いて、ドイツにこれを普及しよう」とフランク先生に語った。［注］

［注］リストがこの約束を守ったことは、ニューヨークのメイソン博士の『ある音楽家の生涯の思い出』〈*William Mason, Memories of a Musical Life*〉という興味ある著書の中に見えている。同博士は一八五〇年から一八五四年までリストと一緒に仕事をした人である。同博士はワイマールに滞在中、日記を付けていたのであるが、その日記から次の記事を引用している「一八五三年四月二十四日（日曜日）、アルテンブルクにおいて午前十一時より。リストはラウプおよびコスマンと共にセザール・フランクの二つの三重奏曲を演奏」（同書一二二頁）。

年若いフランク先生は時を移さず、この名高い友人の忠告に従われ「作品一」中の最後の三重奏曲から終楽章を切り取り、その代わりに現在この曲の終楽章となっているものをつけられた。そういうわけで、作品二の「三重奏曲第四番」がソナタ形式の一楽章だけから成り立っており、しかもその提示部の順序が逆で、第二主題で始まり第一主題が最後に現れるのである。この作品の立派な価値については議論の余地がない。それでも不満の点があるとすれば、それは第一の楽想が長過ぎ、第二の楽想が簡略過ぎることである。もちろんその結果、両者が相殺されることにはなるようなものの、それでもこのため全体の調和と釣り合いは損なわれてしまっている。

この欠点を抜きにして考えれば、この作品は全く先生の霊感に溢れた作風を表しており、「三重奏曲」第二番および第三番よりはずっと優れている。

この曲はフランスでは絶えて演奏されることがなかったが、一八七九年一月二十五日にドゥラボルド、ポール・ヴィアルドーおよびJ・グリゼーの諸氏が国民音楽協会のある演奏会で初めてこれを演奏した。

リストはフランク先生を忘れることなく、いつも喜んで先生に会っては必ず先生を褒めた。フランク先生のオルガン曲に対するリストの見解については後に述べることとする。しかしそのほかにも、リストは私たちの先生がフランス人であるにもかかわらず、先生の音楽をドイツの音楽家たちに熱心に推薦した。また私は次のことも覚えている。それは私が一八七三年に初めてドイツを訪問した際のことである。私は先生から「贖罪」の楽譜をワイマールのリストのもとに届けるように委託されたのであるが、それを私から受け取ったとき、リストはたいそう喜び、我が事のように嬉しがったのであった。この点に関してまるでリストと違っていたのはブラームスである。私はブラームスのところにも同じ使いでやられたのであるが、ブラームスはこの楽譜を受け取ると、いかにもうんざりしたような態度で、何かの家具の上に置いた。そしてわが親愛なる善良なるフランク先生が、最初の頁にうやうやしい献題の詞《ことば》を記しておかれたのに、それをすら見ようとしなかった。

フランク先生が一八四〇年から一八五三年までの間に作られた歌曲中、最も美しく、また最も自然と思われるのは、ルブールの詩「天使と幼子」を作曲したものである。詩人と音楽家との間のこれほど親しい思想の交流をほかに見出すことは困難であろう。フランク先生が天使を描写された曲の中ではこれが最初のものである。この曲の中に現れる天使は真にカトリック信仰の守護天使であって、優しく幼子の魂を見守り、喜んでこれを地上の危険から保護し、罪も汚れもないままで高く天上の故郷に運ぶのである。この歌は変わった和声はただの一つも使用せず、一回の転調すら行われない。しかしこれは真に表情豊かな旋律の小傑作であって、このような傑作が音楽の世界にもっとあったら良いと思うくらいである。これは一八四六年に出来たものである。

次にピアノ曲に移ることとするが、ここで私はまずある奇妙な事実を指摘せねばならない。これは私の知る範囲では、全くフランク先生にだけしか見られないものである。それはピアノの分野における先生の作品が、実に正確にその生涯の始めと終わりの時期だけに限られていることである。

先生の作曲活動の最初の六ヵ年である一八四一年から一八四六年までの間には、「三重奏曲」

を除いて私たちはほとんどピアノの作品以外は何も見出すことがない。これらのピアノ曲は全部で十四曲に達している。ピアノはショパンおよびリストが愛した楽器であるが、フランク先生は右に述べた作品以後はピアノ曲を書くことをぷっつりやめてしまわれ、その後は絶えてこれを作曲されなかった。ところがそれから四十年後、その晩年にいたってやはり六ヵ年の間、すなわち一八八四年から死にいたるまでの間に、先生はこの鍵盤楽器にあてはまる新しい様式を作り出したいという願いに駆られはじめられた。そして先生はそのことに成功された。しかしそればかりでなく、先生はさらに従来知られなかった美の形式をいわば運命に導かれて発見されるにいたった。そしてその結果、先生は完全な音楽の類型を生み出された。しかるに先生の後継者中、この新しい類型を十分に利用した者は今まで誰もない。

しかし、私たちは未だフランク先生の最後期の傑作を論ずるところには到達していない。ここでは私は、先生がその芸術的生涯の最初の数年間に書かれた作品のみに考察の範囲を限定せねばならない。

最初のいくつかのピアノ曲は、同時に先生の作曲の試みとして最も最初のものである。これは一八三五年、すなわち先生の十三歳のときにまで遡る。これらの作品はある自筆本の最後に見出されるものである。この自筆本はきわめてきれいな筆跡で書かれている。そして先生が一八三五年六月二十四日から一八三六年五月十五日までの間にレイハの指導のもとでされた練習課題を全部含んでいる。これらの練習課題を見ると、レイハが和声学と対位法とを一緒にし

て、先生に教えたことが分かる。［注］

［注］この自筆本は、Ｃｈ・マレルブ氏所蔵のものである。氏はオペラ劇場の記録文書係として学殖の豊かな人であるが、氏は私がこの自筆本を閲覧し、かつ次に引用する小曲を書写することを心から喜んで許可せられた。米国ボストン市図書館には先生のほかの自筆本があるが、その中には作曲の試作は一つも含まれていない。

この自筆本の中では、教師が課した主題に基づいて旋律を組み立てる試みが数限りなくなされている。ところがその終わりの方になってから、いくつかの小旋律の上に「自作の歌、伴奏つき」という誇らしげな見出しがついている。実にこれらは後年になって「四重奏曲ニ長調」を作曲するにいたった人の最初の正真正銘の作品なのである。

この自筆本の中ほどに、それまで先生に芸術上の手ほどきをした教授が死去したことが、飾らぬ言葉で述べられている。［注］

［注］その言葉は次のようである。「以上の教えを書いてくださった私の先生のレイハ教授は一八三六年五月二十六日にパリ、モン・ブラン通り五十番地において逝去された。一八三六年五月二十七日。セザール・オーギュスト・フランク。」これとほとんど同じ文句が同じ自筆本の最後にも見えている。

1835年
10月4日

私は右に述べた素朴な諸旋律の中の一つをぜひ上に引用したいと思う。

この時期の、以上に述べたもの以外のピアノ曲作品中で特筆すべきものはおそらく二つだけであろう。この二つは器楽としての形式の上で非常に進んだ試みをしているのが眼につく。その始めのものは「田園詩作品三」という標題を持ち、それに「牧歌」という副題がついている。これはシャバンヌ男爵夫人に献げられたもので、一八四二年にシュレジンガーによって出版された。この「牧歌」における変ホ調の楽句の提示部は、ピアノ曲としては風変わりな音の組み合わせをいくつかもたらしている。このような組み合わせ方は先生の最後期の曲に再び見出されるものである。

先生はちょうどウェーバーのように、たいそう大きな手をしておられた。そのため先生は親指と小指との間をうんと広げなければ弾けないような

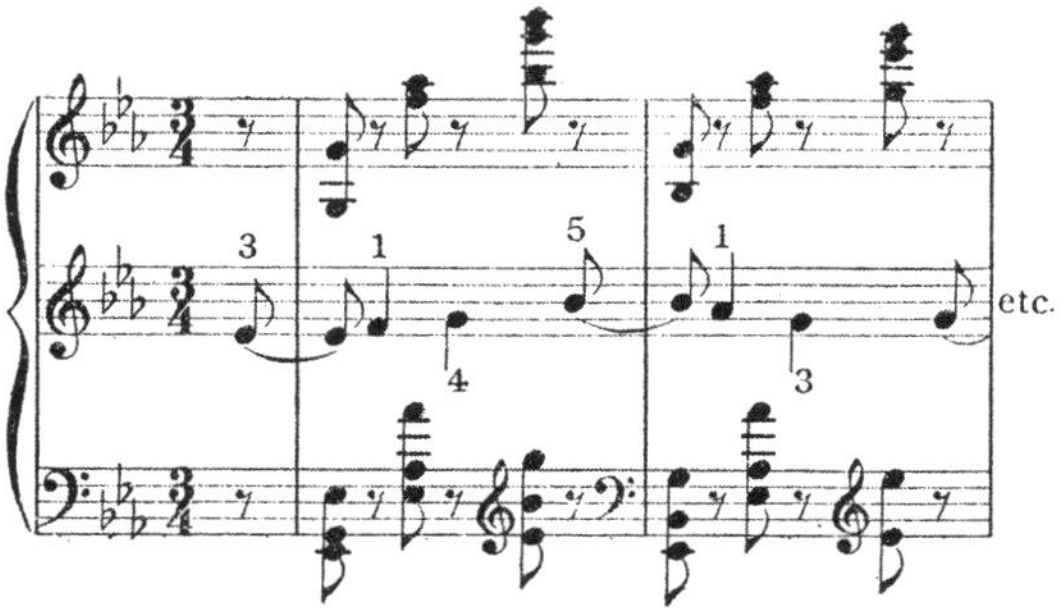

和音をよく書いておられる。このように広がりが大きいため、ある楽句になると譜表が二つだけでは不十分なことがあった。例えば「田園詩」の中に出てくるように、一つの旋律を両手で分担して弾く場合は特にそうであった。しかも一つの旋律がたくさんの音符と和音とに囲まれていて、その中からこの旋律を見分けることは容易でない場合はなおさらであった。この当時ピアノ音楽を三つの譜表に書くことをあえてした人は、リストだけであった。そんなわけでその頃のセザール・オーギュスト・フランク先生のように名もない青二才作曲家が、そんな好きな真似をすることは出版者が許さなかった。そういうわけで現在印刷されているままの楽譜でこれらのフランク先生の曲を演奏することは、ときにきわめて骨が折れる場合がある。「田園詩」の中でしばしば出てくる第二主題がもし上のような形で書いてあったら、読者はどんなにか良く分かることだろうにと思われる。

もう一つの興味ある作品は、最初の「バラード」である。これは作品九であって、一八四四年にできたものである。この曲は出版されたものには違いないのであるが、現在ではこれを購入することはできない。また一八四四年以後のどの出版社にもこの曲は跡形も見出すことができない。そして国立図書館や音楽院図書館にはこの曲は一部も寄贈されていない。ただ原稿だけが遺族の手に保存され、ジョルジュ・C・フランク氏の所有になっている。この作品はロ長調で書かれているが、このロ長調というのは、フランク「お父さん」が特に愛された調である。これは「ピアノ三重奏曲」をはじめとして「弦楽四重奏曲」中の崇高なラルゲット楽章にいたるまで、変わることなく先生の芸術的感興に訴えたところのものである。

この「バラード」はまず四十九小節の導入部があった後、一連の単音符による主題の提示がなされる。この主題に見るような素朴な情緒は、先生の円熟した後の作品に再び現れるものである。主題の提示部の後にロ短調のアレグロの部分が続く。この部分はいかにもピアノ的な形態を具え、それが属調に思慮深く転調する傾向を持つ。その後に最初の主題が再び提示されるが、ここではその主題が十六分音符によって装飾されている。これは当時一般に行われていた形式に従ったものである。

このことと関連して興味深いことは、先生の初期のピアノ曲作品が、すべて一律に同じ構造で書かれていることである。これは「田園詩」も「バラード」も、奇想曲も、また幻想曲もみな同じである。すなわちどの曲も速度はアレグロであって、初めと終わりに同じ主題が述べられる。その他最初に短い導入部がついている場合もある。そして全然転調がなされないため、これらの曲はやや単調なものとなっている。これは「三重奏曲」を論ずる際、すでに私たちが注意したところである。しかしさらに詳しく吟味すると、私たちはこれらの曲の中にも後年の大作品の萌芽的形態を発見できる。かつまた先生はこれらのピアノ曲を作るにあたって「派手なものを書きたい」という願いはそれほど強くなかった。むしろ純粋に音楽的な形態を追求する努力の前には、そういう気持ちが引っ込んでしまっている場合をしばしば見出す。フランク先生は後には近代音楽構造の大家となり、あれほど徹底的に作曲の技術を教えるにいたられたけれども、この初期にはまだその技術を知っておられなかった。厳父は先生に「ぜひとも『売り物になる曲』を作るように」と促したのであるが、先生はまだ自分の劣っていることを知っておられた。それで先生は賢明にも、失敗する恐れのない形態に自分を制限されたのであることは明らかである。後年先生は立派な作品を書くことによって十分この償いをされた。

「ルツ」に対しても同じことが言える。これは聖田園詩であって、一八四三年の作であるが、やっと一八七一年になってハルトマンがこれを出版した。

この作品の新鮮な無邪気な旋律は、明らかに先生がメユールの諸作品をしばしば研究された結果生まれたものである。しかし先生の音楽を全体として知っている者には、この作品の旋律が単なる模倣でなく、しばしばある独創性を有していることが分かる。しかしこの音楽の形態はいまだ試みの域を脱しない混乱したもので、ときに臆病さを示し、それが私たちを驚かせ、

「ルツ」
「三重奏曲第一番」終楽章

さらには微笑させさえもする。

この作品の前奏曲はト短調のヴァイオリンの楽句で始まるが、この楽句の輪郭は「三重奏曲第一番」の主題の一つに非常に良く似ている。もうこれは間違いないフランク先生独特の旋律の最も初期のものであり、それがまだ舌の回らぬ表現をしているのである（上掲楽譜参照）。

このオラトリオの第一部はナオミの旅立ちを叙述している。この部分はいかにもその場面にふさわしい暗い調の上に組み立てられている。ただルツが「私はお母さんから離れません。どこへでもお母さんとご一緒に参ります」と叫んで、己を捨てた健気な決意を示すときだけイ長調の明るい調子が響く。それはちょうどそれまで立ちこめていた闇をさっと照らす一条の日光のようである。しかし残念ながらルツが歌う詠唱は元来が歌劇的過ぎ、その最初の旋律は「贖罪」の作曲者を予示するよりもむしろマイアベーアの歌劇を思い出させる。

第二部には刈り手たちの様々の合唱があるが、これは私たちが二十歳のときには感嘆の的だったものである。この後に続くのがナオミを惜しむ一種の悲しみの叙唱である。この歌の中で絶えず流れるイングリッシュ・ホルンの旋律は、アレヴィの歌劇「ユダヤの女」の中のある有名な楽句を嫌というほど連想させる。それからルツとボアズの二重唱になる。これは思うに、先生が第一期に書かれた全旋律の頂点をなすものであり、また同時に劇的表現の上から真に興味ある一頁である。

この単純な対話は、メユールの「ヨセフ」中のヤコブとベニヤミンとの場合の対話に非常に良く似ている。そしてそれは、次のような純粋に旋律的な線と絶えず絡み合わされている。

その効果は、オルカーニャやボッティチェリの描いたフレスコ壁画の中の布類の襞《ひだ》の描き方に幾分似通ったものがある。ここでは甘い粘りのある楽句が、変ロ長調ないしそれに近い調の中で動く。そしてこの楽句は、

「ほんとうに、私はもう他国人ではありません」

というルツの確信に溢れた叫びで終わっている。それと一緒にこの若いモアブ人の女であるルツの心に感情の変化が起こる。そしてこの感情の変化を示すため、劇の構造上の原理に従ってそれまで支配していた調と全然関係のない全く新しい調が、このルツの言葉によって導入される。それは実に輝かしいロ長調であって、この調で最初の部分が繰り返されて、この場面が終わる。

第三部はルツとボアズとの第二の二重唱を含んでいるが、これは右に述べた第一の二重唱に類似しているものであって、本曲中、真に最もフランク先生的な部分の一つである。

この場面に関係して興味あることは、旋律の輪郭は同じでも、それが色々異なった印象を与えることができるということである。すなわちここに出てくる主要動機の一つは、ボアズの父親にも似た優しい愛情を叙するために用いられているが、これはその構想上からは、マスネ氏が使った主題と同じである。しかしマスネ氏の場合は、その同じ主題が美しいマノンに対するデ・グリューのあまり健全でない情熱を表現している。音の続き具合は同じでも、それから受ける印象は何と違うことだろう！

ところで「ルツ」の最後の部分の基礎となっている旋律は、実にこの上ない静かな純潔さを持っている。それはニ長調で始まって、ついには第二部の二重唱にすでに現れたロ長調の輝かしい響きに帰る。

このようなわけで、フランク先生は「ルツ」という曲の中で第一期の全能力を集約された。したがってこの作品は音楽的にも重要であり、さらにまた先生の作品中全く新しい要素たる劇的傾向をも有しているのである。

さて、フランク先生はこれまで歩いてこられた自分の道を全然離れて、それよりも遥かに高い新しい芸術境に入られるにいたったのであるが、それは私たちがこれから見ようとするところである。

五　第二期（一八五八〜一八七二）

この第二期が始まると同時に、まず私たちが出会うのは一つの年代上の問題である。これは幾分解決が困難である。

フランク先生はその芸術生涯の始め頃には、自分の書かれたものについては全部注意深く目録を取ることをされた。これはおそらく厳父の命によってされたことであると思われるが、このように物事をきちんとする性質は先生の亡くなられるときまで変わらなかった。とにかくそういうわけで先生は一つ一つの作品に番号をつけられたのであるから、私たちは作品の分類をするにあたっては、この番号によればよさそうに思われる。しかし先生がこういう注意を払われたにもかかわらず、このように番号のついた第二期の作品の中には疑わしいものがある。例えば「弦楽四重奏伴奏つきピアノ独奏曲作品一〇」は、先生の作品を出版した書店にもなんらその跡形がなく、また先生の最も親しい友人たちもこれを記憶していない。さらに「ピアノ幻想曲作品一三」は、「ギュリスタンによる幻想曲」（リショー出版）その他の表紙に「同じ作曲者による」ものとして広告されている。けれども私はどうもこの作品は予告だけはされたが実際書くことはされなかったか、またもし書かれたとしても、それを印刷にまわすことをされなかったかのどちらかであると思う。

しかしこれに関して最も奇妙なことがある。これは同時に、私がフランク先生の第二期の作風を研究するにあたって最初に注意を喚起したいことである。いったいこの第二期のオルガン曲は先生の真に革新的な才能の最初の表れであるが、これらの作品番号は「一六」「一七」「一八」「一九」「二〇」および「二一」となっている。ところがその前にすでに「ピアノのための三つの小品」が「作品一六」となっており、また「リュシルによるピアノ二重奏曲」（リショー出版）が「作品一七」となっている。そしてこの二つはいずれも一八四五年の作である。同様に「三声のミサ曲」は「作品一二」となっている。ところが「ギュリスタンによる第二幻想曲」が一八四四年にリショーによって出版され、それが同じく「作品一二」となっているのである。

フランク先生は、自分が以前に厳父に強制させられて書かれたピアノ曲中のあるものを、自分の芸術作品中に数える価値がないとして破棄されるつもりだったのであろうか？　それもあり得ないことではない。それにしても「英国国歌による二重奏曲」や「エクス＝ラ＝シャペルの思い出」などは、右の曲と比べて決して優れていたはずがないのに、先生はそのような作品をそのままに残しておられるのである。だからこの問題はどうしても解決が不可能である。

他方、一八四〇年から一八五〇年にかけて作曲出版された無数の歌曲の中、作品番号を持っているものは一つもない。そして作品二二の「行進曲風に」という標題の小オルガン曲以後は先生は番号をつける習慣をやめてしまわれた。

ともかく前述の六大オルガン曲から先生の交響楽的作品が始まる。そしてこれらが第二期の特徴をなす。ここで「交響楽的」と特に断る訳は、交響楽的作品以外の宗教的作品は疑いもなくこれらより前に書かれているからである。そしてそれらの宗教的作品とは、二つのミサ曲をはじめいくつかのモテットその他である。これらの宗教的声楽作品には作品番号が付いていない。しかし先生が声楽作品には番号を付ける習慣を持っておられなかったことについては、私たちがすでに見たところである。

私たちはセザール・フランク先生の生涯中、この第二期を宗教楽作品の時期と呼ぶことができる。すなわち少数の歌曲、オラトリオの一試作および「贖罪」を除いては、この時期には教会用音楽しかない。

ここで私が「教会用音楽」と言って「教会音楽」と言わないことに注目されたい。すなわちそれは真に「教会音楽」の名にふさわしい教会音楽ではなかったのである。このことは少々説明を要する。

音楽はほかのすべての芸術と同様、宗教にその起源を有する。したがってそれ以外に起源を求めようとする努力は無駄であって、これには議論の余地がない。最初の歌曲は祈祷であった。神を賛美し、宗教の美と喜びとさらには畏れとを称揚することがほとんど八百年にわたって全芸術作品の唯一の目的であった。このようにして当時の芸術家たちが表現したものは、ほかでもなく人生そのものであり、愛、望み、喜び、悲しみといったような人間の諸感情であった。そしてこれに関連してついでに言えば、ある人たちは現実を表現すると称しながら実は単に人生のうわべの、くだらない、移りやすい側面だけしか表すことができないでいる。しかし右の宗教音楽家たちは、そういう人たちとは比べものにならないほどの深みと真実さとをもって人間の諸感情を表現したのであった。

文芸復興期には芸術上の傾向がそれまでとは異なったものに変化したのであるが、しかしそれが誤った思想に基づいていたため、この時期は少数の個人的な傑作を私たちに与えただけであった。しかし、芸術の論理的発展の上からは文芸復興期は恐るべき大変動をもたらした。特に宗教音楽はこの時期以後は因習的芸術の一種となってしまった。すなわちそれは、表現の真実さを全く放棄し、昔の単旋律の立派な律動と声楽対位法の調和のとれた構造とを軽んずるにいたった。そしてその代わりに、教会の中に交響楽的様式が導入された。さらにもっとひどい場合には、神聖な場所にはふさわしくもなく、またあるいわれもないような様式さえも入り込んだのである。

このようにして、いわゆる教会音楽なるものは驚くほど急激に堕落していき、単に因習と流行との餌食になってしまった。

すなわち十七世紀には教会音楽は宮廷の風習に従って大げさなものになり、さらに十八世紀には今度はそれが軽薄なものとなっていった。そのわけは、身分の高い人々や俗物たちは、自分たちの社会的地位から必要に迫られて晩餐会の後などに教会に出席することがあり、そのため教会音楽はその人たちに気晴らしを与えることを目的としたからである。そしてついには、教会音楽は全然ブルジョワ的な沈滞したものとなってしまった。なぜなら「黄金の中庸」という思想が人心を支配したため、決まった型が重んじられるようになったからである。教会音楽のこの最後の様式は十七世紀における厳めしさもなく、また十八世紀に見られた魅力も持っていなかったが、それにもかかわらずこれが十九世紀の終わりまで続いた。そして言うのも妙な話であるが、若い作曲家たちに教会用の無表情な音楽を製造する技術を教えるための学校が現にいくつも建てられた。

そういうわけで世間で「宮廷楽長」と呼ぶ恥ずべきものまで生まれるようになってしまった。しかし、フランク先生はこのようなどん底に本当に没入しきってしまうことは決してされなかった。そんなにまで堕落してしまうことは先生にはできなかった。それにもかかわらず、先生の作曲された教会音楽を見ると、先生もその時代の影響を全然被らずにおられることはできなかったことが分かる。したがって私たちが先生の作品を公平に吟味するとき、次のような奇妙な事実があるのを認めざるを得ない。すなわち先生は、おそらく十九世紀末における唯一の宗教的音楽家であられたにもかかわらず、先生が作曲された教会用音楽は、同じく先生の管弦楽、ピアノ音楽、および室内楽などほかの分野における業績よりも明らかに劣っていることである。

これには二つの理由がある。なるほど先生はすべての現代音楽および十八世紀音楽に関してはきわめてうんちくが深くあられた。ところが十六世紀のフランスおよびイタリアには見事な記念すべき複音楽《ポリフォニー》の諸学派があったにもかかわらず、先生の時代にはそれらの音楽で出版されたものは稀で、なかなか手に入ることがなかった。したがって先生はこれに対して無頓着であまり知識を持たれなかった。これが第一の理由である。

ベネディクト教団はグレゴリオ聖歌に関して該博な決定的な研究をなしているが、先生はこれについては何も知っておられなかった。シャルル・ボルド氏はフランク先生の逝去の直後に一つの論文［注］を書き、その中で教会音楽の分野における先生の地位を次のように述べているが、これは誠に至言である。

［注］「音楽新報」〈*Le Courrier Musical*〉一九〇四年十一月一日号

ボルド氏は言う。「セザール・フランク先生はその教会音楽においては、僅かの稀な例外を除いてはいつも独奏者である。例えば『主の右に』の曲を取ってみるとその冒頭に先生のソロが出てくる。その後のアンサンブルは純粋音楽としてこの上なく優れたものであるが、しかしソロによる最初の楽句の展開はロココ風の教会に見られる彫刻のように大きく壮麗であり、劇場的非宗教的な外見を持っていることを否定することはできない。」

「フランク先生のミサ曲の中で、『主よ憐み給え』の部分は実に優れた祈祷であり、また『神の子羊』の部分は精巧な音楽の宝石である。しかし『主のみ聖なり』の部分は騒々しいものであって、これは何と形容したらよかろうか？　このような曲は聖歌隊員が少々浮かれてでもいるときならまだしもだが独奏者には全然ふさわしくない。この部分はどうも先生の作として立派なものとは言われない。ところがこれと並んでいる奏献誦の『これぞ、それなり』の始めの部分は比べるものもないほど素晴らしく、もしバッハの作品だと言っても恥ずかしくないものである。また『主よ、われらの罪により』の部分は見事なもので、人間味豊かな対旋律を持っている。もっとも最後の長調の反復部は効果ばかり狙っているが、それを除けばこれは実に謹厳なモテットであって、現代教会音楽の一典型として引用できるほどのものである。」

「これらの曲に接して私たちが実に残念に思うことは、フランク先生が早く生まれすぎて、私たちの宗教音楽改革運動に参加されることができなかったことである。先生はパレストリーナについてはあまり知っておられなかった。そして先生が直接私に語られた言葉で分かるのであるが、先生はパレストリーナの美しさについては、単にそのうわべにしか触れられなかった。すなわち先生の世代の多くの音楽家と同様、先生はパレストリーナの宗教音楽の適切さを認められず、この様式で書いた作品に興味を感じられることができなかった。しかし仮にもし先生の高貴な魂が昔の大家たちの静かな美にいったん目覚められたのだったら、先生は教会のためにどんなにか素晴らしい作品を書かれたことだろうにと惜しまれる。もっとも、もしそうであったとしても、先生は最も深い感情の面では依然としてそれらに頼らず先生独特のものを表現されたであろう。しかし先生はきっとそれらの大家たちの音楽から戒律を学んで賢くなられたことであったろう。そしてその結果、先生はもはや自分の生まれつきの才能をむき出したままであれほどまでに私たちを圧倒されることはなく、その反対に例の確実な筆致でさぞかし清らかな傑作を私たちに与えられたことであったろう。このようにして生まれた傑作はもちろん理性の働きが加わって出来たものではあったろうが、それでもなおかつ、それらは先生の慈悲と愛情とに富んだ心の動きに燃えるものであったであろう。」

「そしておそらく先生は、これらの音楽の儀式的な法則を和らげる必要を感じられて、そのため表現要素を先生自身の中に求められないわけにはいかなかったであろう。それでもこれらの外部的要素と内部的要素という相容れない二つの力の葛藤の結果は、さぞかし立派な芸術作品をもたらしたことであろう。そしてこれらの大家の影響の只中にあっても先生は依然として神聖なセラフ天使のようなフランク『お父さん』で、その率直さと謙遜さとが無限であったことに変わりはなかったであろう。」

フランク先生の教会音楽が劣っていることのもう一つの理由は、全く偶然的なものである。すなわちサントクロティルド教会は後には裕福な教区教会になったけれども、先生が赴任されたときは同教会はまだ貧乏であった。そのため礼拝に厳粛さを添えるべき音楽の楽譜を買う余裕もなかった。そういうわけで、同教会は「普通の」場合には持ち合わせの曲や古いもので間に合わせた。そして教区の重要な儀式の場合には、これを盛大にするためオルガニスト兼合唱長に必要な音楽を新しく作らせた。この教会はそのようにして、知らず知らず十六・十七世紀の習慣に従ったのであった。

そういうわけで昔のバッハやパレストリーナと同様に、フランク先生は大祝祭日の儀式に必要な音楽をみな自分で作曲された。しかし現代生活の慌ただしさのため、先生は十分時間をかけて立派な作品を構想したり書いたりする余暇を持たれなかった。もちろんシャルル・ボルド氏が右に引用した論文の中で指摘しているように、先生の教会音楽に数々の美しい点があることには議論の余地がない。それにもかかわらず先生が若いころ受けられた訓練の結果として、先生の教会音楽は儀式的ではない。そのためこれらは真に芸術的見地から見て、先生のほかの形式の作品ほどの興味を決して与えるものではない。

しかし、これらの合唱音楽と異なって、先生のオルガン曲だけは後々まで残るものである。これらのオルガン作品は明らかに教会用に書かれたものではあるが、それにもかかわらず、これらはむしろ交響楽の部類に属する。そもそもオルガン芸術というものは、フレスコバルディやバッハが愛したものであるが、先生のオルガン曲はこのオルガン芸術における不滅の記念碑として残るであろう。

私は先生の第二期を回顧するにあたって、まずこれらの作品を吟味することから始めたいと思う。

私たちは「幻想曲ハ長調」の出現とともに「至福」の作曲者の真の作風に接する。

この曲はいかにも幻想的な曲であって、その中心点はサブドミナントと終結部にある。そしてこの終結部は幾分短いけれども十分魅力に富んでいる。この曲の構造はいまだ第一期のおずおずした態度を思わせる。しかし最初に出てくる歌は静かに転調なしに流れ、それが後の第三期の作風の一般的特徴を示している。その特徴とはすでに定めた和声構造から新しく生きた旋律を引き出す才能である。したがって先生のこの特徴は、ベートーヴェンの根本的特質ときわめて密接に結びついている（ベートーヴェンの「四重奏曲第十二番」のアダージョ楽章の第三変奏曲参照）。そしてこの和声構造はそれ自体が一つの旋律的カノンの結果であって、これは先生の好まれた手法である。私たちがいったんこのことに気がついたならば、さらにこの曲を例として用いて、これから先生の音楽の系譜を述べることは困難ではない。もっとも先生の音楽の系譜については、この第二部の始めで私がすでに読者の注意を促しておいたところである。すなわち先生の旋律線の純粋さは初期イタリアの画家たちに連なる。また対位法を容易に駆使する能力にかけては、先生は無意識の中に十六世紀の複音楽作曲家たちにまで遡っておられる。さらに先生の作曲の様式はバッハに、また全体の律動的構成はベートーヴェンに通うものである。その上、私はこの曲の中に（現在フランスでは全然無視されてはいるが）ワーグナーを予見した部分を見出すことさえできると思う。すなわち右のように構造上の組み合わせに基づいて大オルガンの鍵盤の上を流れる主題は、「ワルキューレ」および「ニーベルング」の全叙事詩中で「眠りの動機」として知られている旋律である。しかしこのように比較してみたところで無駄なことかもしれない。

「交響的大曲」は先生の作品の発展過程中、最初の真のソナタである。ただしこのソナタは色々な音色で彩られているものであるから、習慣に従ってこれは交響曲と言った方がよいかもしれない。

先生はこのようなオルガン交響曲をこの後も作られて、現代音楽を豊かなものとされたのであるが、「交響的大曲」はそれらの中の最初のものである。そして先生はこれらの交響曲を作られるにあたって、カヴァイエ＝コル製作のオルガンの数多いさまざまの音色を用いられた。これについて私の個人的意見を述べれば、これはオルガンと管弦楽とを一緒に用いるのよりもずっと良いと思う。いったいオルガンと管弦楽とは似通っているために互いに相容れない。もしこの二つを並べて用いれば、一方を引き立てるためにはどうしても他方の勢いをそいで弱くせねばならなくなる。しかもそうして一方を引き立ててみたとて無駄な話なのである。ベルリオーズは音色の錬金術にかけては天才であるが、彼はその著『管弦楽法』で、すでにオルガンと管弦楽との結合が無益であることに注意を喚起している。すなわち彼の著書独特の興味ある比喩を用いて「管弦楽は皇帝であり、オルガンはローマ教皇である」と述べている。そういうわけであるから、皇帝と教皇との間の「権限授与」に関する争いを音楽の領域でまたむし返すことなどはしない方が利口である。

先生はそのような不合理なことはされなかった。なぜならそういうことは、先生の古典主義的精神に反したからである。［注］

［注］昔の巨匠たちの中には、オルガンと管弦楽とを同じ長さで結合して用いた人は一人もいない。例えばバッハは、和声を充実させるため以外には滅多にオルガン独奏に管弦楽のついた独奏曲を書かなかったし、またヘンデルの協奏曲にしても、弦楽四重奏とオーボエとはその中でほんの従属的な役割を果たしているだけである。

そういうわけで、フランク先生の「交響的大曲嬰へ短調」は三楽章からなる真の交響曲であって、交響曲形式のあらゆる特徴を具えている。その第一楽章はソナタ形式をとって二つの楽想を基礎とし、さらにその導入部は曲の発展の途中で再現する。アンダンテ楽章はリート形式をとっているが、その第二段は早い速度になっているため、スケルツォ楽章の代わりをしていると考えられる（先生は後に「交響曲ニ短調」で再びこの構成形式を用いられた）。終楽章の導入部ではすでに現れた主な楽想が要約される。この終楽章の中心主題は第一楽章の主題と同一であるが、それが今度はいわば聖化されて嬰ヘ長調で提示される。そしてそれがフーガ的手法によって展開して終結部に達する。このようにして全曲が一つの中心楽想によって結合されているのである。

第三のオルガン曲は「前奏曲、フーガと変奏曲ロ短調」であって、これはサン＝サーンスに献げられたものである。しかしこれを作曲者たる先生自身が小オルガンおよびピアノ用に編曲されたものがたいそうよく知られているので、私がこれについて詳論する必要はないと思う。しかし次のことだけは言っておかねばならない。フランク先生は最後のピアノ曲諸作品の中で新しい形態を丹精込めて作り上げられたのであるが、この「前奏曲、フーガと変奏曲」はその新しい形態の萌芽を含んでいる。さらに見逃してならないのは、この作品中のフーガの持つ音楽的魅力である。その当時作曲されたフーガといえば無味乾燥な学習フーガばかりであったのに引きかえて、フランク先生のこのフーガはそれらのものとはまるで違っているのである。その後に続くリート形式の「パストラール」も、同じくこのフーガ的展開という独特の性質を示している。そしてこの展開は真に魅力ある旋律を持っているが、これはベートーヴェンが第三期において暗示した体系を必然の論理に従って完成したものなのである。

次に最後の二曲、すなわち嬰ハ調の「祈り」、および変ロ長調の「終曲」はいずれも第一楽章形式に近いものである。「終曲」はその形態がベートーヴェンに似た構造を持っている。この中では、優美な第二主題が頑固な第一主題と対照をなす。さらにこの曲は、終わり近くになって重要な展開をなして力強い威風堂々たる終結部にいたっている。以上の点でこの曲は特に興味ある作品である。

当時ルフェビュール＝ヴェリーやその他のオルガニストは、単に効果ばかりを狙った派手な曲を書いたが、フランク先生の右のオルガン曲はいずれもそれらのものとは全く異なり、崇高な芸術的感興と完全な技術とを具えている。いったいオルガンは千万の声を持った楽器であるが、そのオルガンの歴史の上で先生のこれらの作品は画期的な記念すべき曲である。フランク先生はかつてこれらの作品をリストの前で弾かれたことがあった。リストはそれをオルガン廊で聴いてお世辞でなく心から感動した。そしてそこから降りながら「これらの詩はセバスティアン・バッハの傑作と肩を並べるものだ！」と叫んだ。しかしリストばかりでなく、芸術的精神を持っている人がこれらの曲を聴いたならば、誰でもきっとリストと同様に感激するであろう。

いまや私は「三声のミサ曲」について語らねばならない。この曲の初演は一八六一年四月二日になされた。これは疑いもなく、今まで私たちが扱ってきたオルガン曲よりも以前の作である。それにもかかわらず、私は特にこれらのオルガン曲をフランク先生の第二期の出発点としたかったのである。このように私が年代の順序を無視する言い訳としてはっきり言えることは、このミサ曲は一八五九年から一八七二年の間にしばしば書き直されたため、その作曲年代は第二期全体にわたっていると見られることである。このように何回も書き直された形は、それぞれ互いに著しく食い違っている。いったいどの天才の場合でもその制作生涯の中期には必ず作品の次第に変形していく姿が見られるのであるが、フランク先生の場合も、この曲の色々に書き直された一つ一つの形の中にそれが表れている。

この曲は先生がサントクロティルド教会のオルガニストに赴任された後、しばらくしてから特に同教会のために書かれたものである。しかしその中の「主よ憐み給え」、「栄光あれ」、および「聖なるかな」の部分は、それ以前に遡る。すなわちこれらは、後に音楽院長となったテオドール・デュボワ氏がまだ同教会のオルガニスト兼伴奏者で、フランク先生はその合唱長にすぎなかった時期に作られたものである。［注］

［注］一九〇四年十月二十二日にフランク先生の記念碑の除幕式が挙行された際のテオドール・デュボワ氏の演説を参照せよ。

他方、「我信ず」の部分はもっと後に作られた。また「神の子羊」は高く天翔ける音楽であるが、この部分はさらに数年後に書き直されたものである。その書き直す前の「神の子羊」は先生が気に入らないで全然破棄してしまわれた。「天使の糧」の部分について言えば、これは実に様々に形を変えてオルガニストや聖歌隊によって演奏されている。しかし実はこの曲は、一八七二年にこのミサ曲がボナパルト通りのルポー書店によって出版されたときに、初めてその中に挿入されたものにすぎない。

「主よ憐み給え」は甘い単純な祈りである。「栄光あれ」の中のある部分は実際低俗であって「至福」を書いた人の作品とも思われない。私はこの二つについてはほかに何も述べないこととする。当時はラテン語の本文に基づいた曲なら何でも教会音楽という名前がついたのであって、右の二曲は単にそういう意味での教会音楽なるものの部類に属するにすぎない。

「我信ず」の部分はこれよりもずっと念入りに、またずっと上手に仕上げられている。そしてその特異な点は、それが第一楽章形式で書かれていることである。まず提示部がハ短調で現れ「聖霊によりてやどり」のところでト長調の第二主題が出てくる。そして「十字架につけられ」および「されど蘇りたまえり」は第一主題の展開部として扱われる。しかし再現部で普通のソナタの進行順序からすれば第一主題が来るべきところで、その代わりに第二主題の変形が現れて「また聖霊を信ず」となる。そしてかなり長く最後の展開を続けた後、この第二主題が最初の形で再現して「我は死せる者の蘇りを待ち望む」という基督者の希望の信条を表現する。それからハ長調の「アーメン」で終わるが、再現部は始めからほとんどこのハ長調で一貫している。

この「我信ず」にはもちろん美しい点が数々ある。しかしいったい交響曲形式というものは我々に親しいものであって、その形もはっきり決まっているため、そのような交響曲形式をここで用いたことは結果から見てどうも適切でないと言わねばならない。そうはいうものの、私たちはこの曲で神秘的な、ときには非常に宗教的な表現が試みられていることを認めるのにやぶさかではない。例えば受肉というのは神性と人性との結合であり、また身体の復活というのは人間的要素を用いての神性の神秘的勝利である。ところがこの曲では受肉と復活とは同一の楽想を用いることによって、この受肉と復活との二つが結びつけられているのである。

「聖なるかな」は「主よ憐み給え」と同様に単純な静かな音の流れを持っている。これは「ホサナ」の部分を僅かに強調した後、「祝せられたまえ」でまた陰鬱な調子に戻る。「神の子羊」は簡潔で優しい旋律を持つ小傑作である。ここではまずイ短調、ハ長調およびホ短調の三重の祈りがなされる。それからソプラノ部が平和の讃歌を歌う。それはあたかも歌う者たちが、ある崇高な希望によって法悦の境地に引き入れられたのでもあるかのような印象を与える。その間にバスはその前の祈りの主題を繰り返し続ける。それからこの曲は無伴奏の三声の最弱音で終わるのであるが、それはちょうど神秘的な天上の門の入口まで私たちを連れていくような趣がある。

　私は本書の第一部で、フランク先生は交響曲の領域でも、また宗教音楽の分野でもベートーヴェンの後継者であると言った。先生の交響曲についてはこのことは議論の余地がない。しかし宗教音楽の分野に関しては、私はこの「三声のミサ曲」中の「神の子羊」と「主よ憐み給え」のことを頭に置いて言ったのである。それは何もこの曲をベートーヴェンの「荘厳ミサ曲」と比較しようとする意味ではない。「三声のミサ曲」はサントクロティルド教会の合唱長のつつましい作品である。そして、なるほどそれは誠実な態度で作曲されたものには違いないが、しかしそれは実用的な目的のために書かれたものである。これに対して「荘厳ミサ曲」は神の苦悩と人間の憧れとの溢れ流れる叙事詩であって、交響曲の巨人ベートーヴェンの作品中、最も完全とみなされるものである。また「三声のミサ曲」の「我らに平安を与え給え」は確かに信頼に溢れた甘美な曲であるが、これをすらも私はベートーヴェンの劇的な「神の子羊」と同列に置くつもりなどでは毛頭ない。なぜならベートーヴェンの「神の子羊」では、遠くから聞こえる戦《いくさ》の響きの只中で平和を求める訴えが息もつかずに湧き上るのであって、「三声のミサ曲」の場合とはまるで比較にならないのである。しかしこのように二つの作品が音楽的に同等ではないにもかかわらず、なおかつ「三声のミサ曲」においてはベートーヴェンの精神がフランク先生に乗り移っているかのように見える。そしてここでは人間的表現の力は「荘厳ミサ曲」の場合よりも減じたけれども、浄い信頼の態度は増し加わったのである。

いったいベートーヴェンのこの「荘厳ミサ曲」は、音楽における最も崇高な記念碑の一つであるけれども、しかしそれが戯曲的傾向を帯びているため、儀式に用いられる真の教会音楽の全然外にある。フランク先生の「三声のミサ曲」とこの「荘厳ミサ曲」との類似点を述べる場合にも、まずこの同じ根本的誤謬を挙げることができる。また私たちはベートーヴェンの幾分因習的な物々しい大げさな表現と同じものを、フランク先生の全く同じ箇所に見出す。これに反してこれらの二作品の間の美的類似点を引き出そうとすることは無益であって、私たちはそれをするつもりはない。しかし他方また次のことが言えるであろう。すなわちなるほどフランク先生は儀式音楽の本質に関しては、偉大な先輩たるベートーヴェンと同じ過ちを犯された。しかしそれにもかかわらず、先生のミサ曲の「主よ憐み給え」および「聖なるかな」中の若干の箇所、ことに「神の子羊」を見ると、これらは教会音楽の真の様式にベートーヴェンの場合より近づいているのではなかろうか？　私が先生はベートーヴェンの宗教音楽の後継者であると大胆に言ったのは以上の意味においてである。すなわち先生はベートーヴェンと同じ因習的手法から出発して、これをさらに先に発展させようと努力されたと見られる。もちろん先生は教会音楽においてはそのことを完成されることは全然なかった。しかし先生はオラトリオおよび交響楽的作品においては十分な結果を示されているのである。

しかしながらフランク先生のミサ曲は、むらのある作品である。したがってイタリアの音楽批評家リッチオット・カニュード氏が次のように批評しているのは、全然誤りだというわけにはいかない。氏は言う「『主よ憐み給え』は甘美な輝かしい曲であって、遥か彼方の光明と遠く離れた音楽との楽園を私たちに思わせる。それが祈りの深い美しい表現であることは、ちょうど同じミサ曲の中の『神の子羊』と同様である。しかしながらこれらと並んでいる『栄光あれ』は、ほとんど陳腐と言ってよいものである。それは旋律的楽想を欠き、また伴奏が騒がしく強すぎて、そのためこの曲は押し潰されてしまっている。このようにこのミサ曲は実に不揃いである。フランクの音楽はいずれもそうだが、この作品も半ば神秘的、半ば世俗的な奇妙な夢のようなものである。この曲の中では恍惚たる感情の流れが、あるときは完全無比であり、

またあるときはそれが本来劇場に用いるべき律動や気取った態度によって邪魔されている。」［注］

［注］リッチオット・カニュード著「セザール・フランクとフランス新学派」〈Riciotto Canudo, *César Franck e la giovane nuova scuola musicale francese*〉。「新選集」〈*Nuova Antologia*〉（一九〇五年四月一日発行）からの抜粋。

フランク先生の第二期に属する作品中、最も重要であり、かつこの時期の特色と欠陥とを全部持っているものは、疑いもなく「贖罪」である。これはオラトリオでありながら、しかも作詞者および作曲者が「交響詩」という変わった標題をつけたため、ちょっと聞くとオラトリオとは思われない。しかしこの作品は交響曲でも詩曲でもないのであるから、そういう作品に「交響詩」という名前をつけたのは全然不適当である。

この曲の作詞はエドゥアール・ブローによってなされた。これは詩としては大体平凡なものであるけれども、しかしその主題は雄大なものであって、贖罪の身体的および霊的の両面を叙述している。すなわち贖罪の身体的面はキリストの地上への来臨によって成就されたものであり、またその霊的面は未来の各時代に祈祷によって実現せられるものだとする。この考え方はフランク先生が抱かれた思想と全く一致する。先生はこの問題について語るのを喜ばれ、溢れる熱心さをもってご自分の言葉を強調されるのであった。

さて、この歌詞に作曲された音楽について言えば、実は私はこれが出来ていくさまを毎日眺めていたのであった。いったい私たちは生まれたときから知っている子供に対してはついえこひいきになりがちなものであるけれども、私はできるだけ公平に誠実にこの曲について語ろうと思う。

このオラトリオには一つのいきさつがある。そして私はこのいきさつを直接知っているので、それをくわしく述べることができる。これを聞くことは読者諸君にとっても興味があることと思う。さらに作曲家たちもこの話から学ぶところがあろうし、またその作曲家たちに習っている弟子たちにもこれは一つの教訓となるであろう。

フランク先生がこの曲の歌詞を受け取られたとき、先生はすでに「至福」に手を染めておられた。しかし先生はすぐさま「至福」の作曲を中断されて、新しく受け取った詩を音楽化する仕事に非常な熱心さをもって没頭された。そしてこの仕事にあてる時間が少なかったにもかかわらず、この作品を六ヶ月で完成された。

さてこの機会に「贖罪」には二つの版があることについて説明しなければならない。この二つの版の間にはかなりの相違がある。第二版には見事な合唱と素晴らしい交響間奏曲がある。そしてこの交響間奏曲は、現在では大抵の演奏会の演奏可能曲目の一つとなっている。しかし作品全体の構造という点からは、初版の方が明らかに優れていると言わなければならない。なぜなら初版は全く斬新な基礎の上に組み立てられているからである。そしてその斬新さたるや、先生以外には誰もそれを構想し、完成することができないほどのものなのである。

この初版の構造を理解してもらうため、私は次にまずこの詩の輪郭を述べなければならない。

第一部　人類は異教主義の自己中心の暗黒の中にうごめき、快楽と憎悪の中に幸福があると考えている。しかしこれらのものは、ただ諸々の死の業を生み出すばかりである。すると突然天使たちが飛んできて空が明るくなる。この天使たちの一人が「救い主が地上へ来臨して罪をあがなうであろう」と告げる。すると更生した人類が声を合わせて降誕節の讃美歌を歌う。

第二部　交響間奏曲（これは管弦楽だけで奏される。次に載せるものはこの部分の解説であって、この解説は先生自身が考え出され、かつ修正されたものである）。「幾世紀かが過ぎる。世界はキリストの言葉によって変貌し花と栄えて喜ぶ。次いで迫害の時代が始まるけれども、正教があらゆる障害を乗り越えて勝利を得る。しかしいまや現代となって、信仰は滅び、人類は再びむざんな快楽の欲望と空しい動揺のとりことなり、昔の煩悩に帰っていく。」

第三部　天使たちは地上で罪が犯されるのを見て、自分の翼で顔を覆う。そして再び異教の堕落に戻った人類のために泣く。しかし大天使は厳かな声で新しい贖罪を宣言し、「祈祷によって罪の赦しが得られるであろう」と告げる。人類は和らぎ、悔い改め、心と魂とを合わせて兄弟愛の讃美歌を歌う。

以上がこの詩の輪郭であるが、フランク先生はこの詩を光と影との交互の出現として扱うことができるのに気付かれた。すなわちこの詩の歌詞は、きわめて明瞭に種々の音色の濃淡の差を暗示している。ところで私たちが調性と呼んでいるものは、音楽上の色彩の変化を表すものとして確立している。したがって先生は反対と対照とによってこの詩の色彩の濃淡を表すのには、調性の変化を用いるだけで十分であると信じられた。そこで先生は全く歌詞の意味に合わせて調性上の構造を組み立てられた。すなわち第一部および第三部は闇から光へ進み、それに対して交響間奏曲では解説どおりに、溢れる熱情と光輝とをもって始まり、冷たい、生気のない調で終わる。そして交響間奏曲のこの終わりの調は、第一部の最初の合唱の調と同じものである。

右に述べた伝統的な調性構造の原理は、多くのものを生み出すことができる原理であるが、これまでフランク先生はこの原理を単に試みとして用いられたにすぎなかった。先生が詩的表現を探求されていったその過程中、意識的にこの原理を適用されたのはこれが最初であった。この原理は後に先生が弟子を教えるにあたって、最も力説される点となったものである。すなわちこれは、先生の作曲法を導いたところの、天来の論理である。これを読者諸君にはっきり理解していただくため、この作品の初版の簡単な分析をしてみたいと思う。

第一部　まず短い導入部が、ほとんど聞き取れぬほど遠くから響いて、天使たちの預言の歌を予示する。この優しい旋律は最弱音で提示され、十度下で模倣されてイ長調のカノンの形を取っている（次頁楽譜参照）。

このようにして大体の輪郭が示された後、イ短調が急に導入され、陰鬱な雰囲気をかもし出す。そしてこの雰囲気の中に異教世界の邪悪極まる諸々の煩悩が充満して、それらが喚き叫ぶ

のが聞こえる。ここで私たちは次の批評をなさねばならない。これは「至福」の場合にはさらに著しいのであるが、その同じことがここで初めて見られる。すなわちここで先生はお気の毒にも邪悪と不道徳とをなんとか表現しようとして、甲斐ない努力に我が身を苦しめておられる。ところが先生自身の単純な清らかな性格からして、こういうものを想像されることは不可能なのであった。そういうわけでこの最初の合唱は異教主義の快楽を示すのに、多少誇張した因習的な表現をとっている。私たちはイ短調から全然外に出ない。そしてこの部分の終わりをなす追迫部は、力強いというよりは騒がしいと言った方が当たっている。これは当時の歌劇の慣わしに従ったのである。

　この後すべてのものが明るくなり、輝かしい預言の主題が惨めな人類の上に高く堂々と響く。しかし導入部のときとは違ってその主題はホ長調の合唱で述べられるのであるが、このホ長調は導入部のイ長調の属調にほかならない。そして同時にヴァイオリンが主題旋律をこだまのように繰り返す。カノンをこういう風に用いることは、すでに先生のオルガン曲に認められるのであるが、その後の先生の音楽にはそれがますます頻繁に用いられている。したがってこれは、いわば先生の音楽の真偽を見分ける印である。いったい世間には教室カノンなるものがあり、それがバッハの精神に取って代わって嫌というほど多く現れている。しかし先生のカノンはそれとは種類を異にする。先生の場合には、模倣旋律がそのときの都合で歪められたり形を損なわれたりすることが決してない。そしてその転調はいつも単純で自然である。また模倣旋律の流れ方が実に理に適っているため、ただ無造作につけ加えたものとしか思えない。

さて次に人類が躊躇しながら天使たちに短い答えをし、それによって陰鬱な疑惑の調子を再びもたらす。しかしその後、天使たちの預言がこれを破って響き渡り、次いでイ長調の主題が再び提示され、それが光明に向かって前進する。そしてついに嬰ヘ長調への眼も眩い転調がなされ、ここで作曲者が長らく求めていた旋律が勝ち誇って現れる。この旋律は贖罪の思想を具現したものである。

このようにして贖罪の業が確立し、信仰と愛とが地上に輝いてすべてが安定すると、次いで人類の声が聞こえる。彼らは憎悪の心を捨て去り、この新しい調（嬰ヘ長調）に力を得る。こうして準備が整うと、人類は幼い神の御子のゆりかごの傍らで降誕節の讃歌を歌う。

この作品の初版の第二部をなしていた交響間奏曲は、現在では全然残っていない。これはただこの作品の初版を大事に保存している少数の蒐集家の手にあると思われるだけである。これは今日知られている「交響間奏曲」とは全然比較にならぬほど劣っている。それでもこれは、音楽的に興味がないわけではない。すなわち短い導入部の次にヴィオラとチェロとがイ長調の喜ばしい主題を提示する（楽譜1）。それからまもなく、もっと優しい主題がヘ長調でかなり長く現れる（楽譜2）。

（1）

（2）

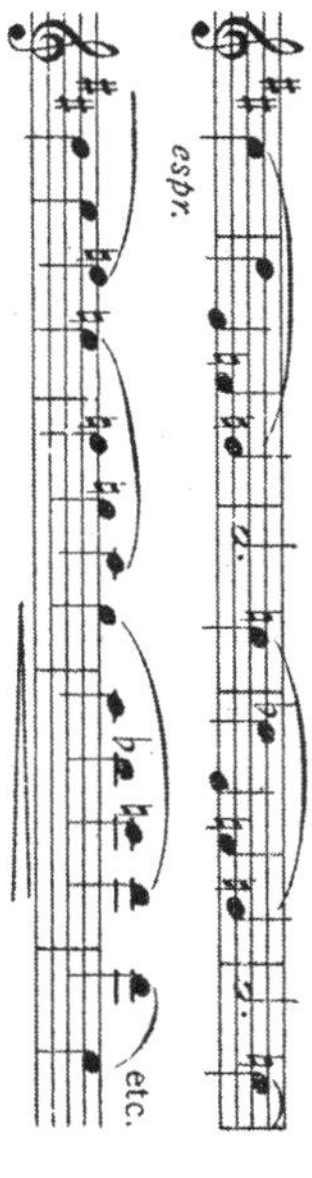

この曲は次いで、ソナタ形式でハ長調を中心とする展開部を持つ。その展開部の途中で、以前に異教徒の邪悪を描写するのに用いた律動と表現とがまた忍び込んでくる。その際、最初はそれが幾分おずおずと現れる。しかしその邪悪も去って、前の二主題がイ長調とハ長調で再び述べられる。それから贖罪の旋律が最初の提示をなして己を確立し、勝ち誇る嬰ヘ長調で管弦楽の最高音楽器から最低音楽器にまで降下する。やがてまもなくこの贖罪の主題は、転調して

イ長調となる。この調はその輝かしさにおいては嬰ヘ長調に劣るのではあるが、しかしそれはあたかもこの主題が人類の最初の喜びと混ざり合うような趣を呈する。しかし人類は神の善意を拒んで、再び不和と自己中心に陥る。そしてこの曲の最後に異教の主題が再び短く述べられる。そしてこの主題はイ短調の暗がりの中に遠方に消え失せていく。

　この交響間奏曲の詩的音楽的基礎は誠に見事なものであった。ただしこの曲の進行の途中にはここかしこやや退屈な瞬間がある。さらにもう一つ遺憾なことは、表現しようとする思想がきわめて崇高なものであるのに、その表現のために用いられる二つの中心主題が幾分劣っていて、その思想と釣り合いが取れていなかったという事実である。

　フランク先生は自分でもこの事を感じられた。このため先生が後にこの曲を最初の小節から最後の小節まで書き直されたのはよいことであった。

　この曲の初版の第三部は現在、私たちが知っている第二版のものと同じ形であった。ただし第二版の最初の合唱だけは例外であって、これは初版の構造の中には無かった。なぜ無かったかはまもなく説明するつもりである。天使たちは不従順な地上の人類を離れて飛び去り、悲しみの歌を歌う。するとヴァイオリンが第一部の最初のときと同様、悲しげにこだましてその歌を繰り返す。この合唱は最初のときと同じ様式で組み立てられており、またその旋律も明らかに最初のものと類似していながら、しかもいまや全く異なった印象を与える。すなわち天使たちは最初の合唱では喜ぶのに人間的な感情をもってしたのに引き換えて、ここでは嘆くのにもう人間的感情をもってはしない。フランク先生は天使の悲しみを表現するのに、悲しげでありながらも穏やかな旋律を見出されたのである。この崇高な憐みの歌は、これらの天使という非物質的存在にふさわしいのであって、ただ先生だけがこのような旋律を発見されることができたのである。

この合唱は嬰ヘ短調で書かれている。前に第一部では降誕節の讃美歌が嬰ヘ長調で歌われたのであるが、その長調を短調に変えただけで、第一部の降誕節の喜ばしさと対照をなしている。

それから、いっときかき消されていた光が人間の迷いの闇を通り抜けて、しだいしだいに戻ってくる。そして大天使の歌う詠唱とともに希望が再び現れる。この詠唱はその精神において第一部の熱情的な讃美歌よりももっと古典的である。この詠唱はロ短調からロ長調に転調して悔悟した人類の熱心な祈り（ロ長調）を導入する。そしてこの人類の祈りより高く、あたかも地と天との間を飛翔しているかのように天使たちが預言の喜ばしい主題を歌うのである。

もし先生がこの作品で用いておられる調の配置を注意して辿るならば、私たちはその配列の意図を明らかに知ることができる。この意図を先生は隠そうとは全然されず、むしろこれを誇りとされた。すなわち先生は「私は贖罪の輝かしい思想を表すため嬰記号を含む調ばかり使った」と私たちによく言われた。

この作品で嬰記号の調ばかり続いているのは、論理的になんと見事であることか！

第一部は中性で無色のイ短調に始まって次第に輝きを増す。ちょうど梯子《はしご》を登るように属調のホ調から、イ長調、次いで嬰ヘ長調と最大の光明へまで上がっていくような趣がある。

中間部の交響間奏曲はその詩的意味を表現するため、イ長調の明るい調子から最初のもうろうとしたイ短調へまで私たちを連れ降ろす。しかし第三部は（その前の輝かしい調の関係調たる）嬰ヘ短調で悲しげに始まるけれども、再び輝かしい響きが入り込み、ついには勝ち誇るロ長調で終わる。このロ長調ははっきりした調であって、これは暗いイ短調とこの上ない対比を示している。しかも今になって気付くことは、第一部に現れた嬰ヘ長調の降誕節讃美歌はほかでもなく、このロ長調の終曲を五度上で先触れしたものにほかならなかったということである。

この充実した構想は、見事に釣り合いの取れた申し分ない構造をなしていた。ところがそれがこの作品の第二版では不幸にも手を加えられてしまった。しかも現在では第二版だけしか残っていない。私が次に述べようとすることは、どのようにしてこれに手が加えられたかということである。そして率直に言えば、これを述べるのに私は多少の躊躇を感ずる。そのわけは、このように構造上の変更が加えられたという遺憾なことに対して、私自身にも幾分の責任があるからである。そして私の信ずる限りでは、このことが私の尊敬する先生と私との関係で私が自責の念に堪えない唯一のことである。私はいま自分の過失を告白することによって、私が長らく苦しんできた良心の呵責から解放されたいと思う。この良心の呵責たるや、実に私が音楽の作品とは何であるかを真に知ったとき以来のものなのである。

「贖罪」の初演は一八七三年の受難週の木曜日、すなわち四月十日にオデオン劇場の宗教演奏会でコロンヌの指揮のもとに行われたが、その練習にあたって多少の故障があった。最初から明らかであったことは、管弦楽部の写譜が非常に不完全であったことで、そのため一小節ごとに演奏を止めてひどい間違いを直さねばならなかった。これでは管弦楽が混乱状態に陥って、演奏者たちがその作品を嫌うようになるのは当然である。そういうわけで、「贖罪」の練習は中止され、分譜は全部先生のもとに返されてしまった。先生は気の毒にもこの災難のため大いに弱られた。

先生は楽譜全部を訂正し、その上読めないものは写し直されねばならなかったのであるが、二回目の練習が迫っていて、訂正の期間といっても二日しか残っていなかった。ところで私は先生のお頼みで、この曲の合唱の練習には全部ピアノ伴奏を引き受けていたので、この曲の楽譜はよく知っていた。そこで私は「仲間のアンリ・デュパルクとカミーユ・ブノワに手伝ってもらってこの訂正の仕事を引き受けます」と先生に申し出た。すると実際、先生としても自分でこれをする時間を持っておられなかったので、すぐ私の申し出を承諾された。

しかし私たちは、この仕事がどんなに大変なものだか全然知らないで引き受けたのであった。そしてそんな短い間に、ただ手だけ動かす労働をどれだけしなければならないかを知って、最初からびっくりしてしまった。しかし私たちは勇敢にこの仕事に着手した。私たちはデュパルクの部屋で仕事をした。デュパルクが糊壺《のりつぼ》を持ち、ブノワが照らし合わせ、私が写譜をした。それから一日二晩というもの、私たちはデュパルクのブランデーとブノワの洒落で眠気を防ぎ、こうしてようやく仕事を全部すませ、決められた時刻に出来上がった楽譜を管弦楽団員の机上にのせることができた。とろが遺憾なことには、ある言いたくない理由から残る二回の練習がたいそう切り詰められてしまった。そのため、この曲の第二部の交響間奏曲を練習する時間がなくなってしまった。

その結果、この部分は省略することに無造作に決められてしまった。先生はあれほど長い間かかり、あれほどの愛着をもって熟考し、彫琢《ちょうたく》を加えられた美しい調和のある構造がこのようにしてむざんに葬り去られるさまを眼前に見せつけられて、大いに憤慨された。

第一部の終わりの合唱も、もう少しで同じ目に遭うところであった。管弦楽団員は嬰へ長調の指使いにうんざりして、「この最後の部分は演奏できない」と言い張った。この管弦楽団員のフランク先生に対する態度は、ほかでもなく当時の演奏家たちが一般に新人に対して取っていた態度そのままであった（しかし考えてみれば先生はいま五十になって初めて公衆にまみえようとされるのであった）。けれどもすぐ先生は、これ以上この作品を切り刻むことを断固として拒絶された。その結果、演奏者たちはしぶしぶこれを演奏したので、その出来栄えは嘆かわしいものとなってしまった。

「贖罪」はプログラムの後半を占めたにすぎなかったのであって、その前半は次のとおりであった。

詩篇「もろもろの天は」
　サン＝サーンス作曲
「スターバト・マーテル」からの詠唱
　ドゥ・グランヴァル夫人作曲
「フィエスク」からの二つの合唱つき詠唱
　E・ラロ作曲
「スターバト・マーテル」からの二重唱
　ロッシーニ作曲

先生の「贖罪」の演奏は不出来であった。合唱はときどき調子がはずれた。また大天使になったドゥ・カテー夫人は、この歌を「変な、映えない音楽」だとして歌うことを喜ばず、その償いにロッシーニのもので何か聴衆に受ける歌を一つ歌わせてもらう、ということでやっと大天使の役を引き受けたのであった。そういうわけで、夫人はこのパートをおざなりの無造作な歌い方でさっさと片付けてしまった。こういう次第で聴衆はこの作品を全然理解せず、かえって退屈をあらわに示し、この演奏会の終わり方にはせいぜい五十人くらいしか会場に残っていなかった。

このようにして私たちの希望はむざんにも踏みにじられた。そしてこのために打撃を受けたのは、当の作曲者たる先生よりも弟子たちの私たちの方がずっと大きかった。それで私たちは「これが失敗したのはこの曲の演奏が困難だからだ。いくらこの作品にふさわしい演奏をしようとしても、あまりに難しすぎて実際にできないのだ」と考えた。こうして私たちは、嬰ヘ長調という不幸な調がすべての禍《わざわい》の源であると思い込んだ。そこで私たちはみなで先生にこのことを忠告して、どうしてもほかの調に変えてもらうようにしようと決心した。

私が最初にこの話を先生に持ち出す役を引き受けた。初めてこの話を私から聞かれたとき、先生は率直に言ってあまりご機嫌が良くなかった。そして私がこの大それた真似をもう一度繰り返したとき、フランク「お父さん」はいつもの温和な態度を捨て、幾分厳しい口調で「その話は二度としてくれるな」と言われた。しかしアンリ・デュパルクをはじめ、数人の愛弟子に重ねて攻められたため、ついに先生も諦められ、大天使の詠唱および第一部の最後の部分全部をホ長調に転調された。しかしこのため作品の全構造が変わってしまった。訂正前の嬰ヘ長調は本曲最後の調たるロ長調の属調であって、独特の光輝をもたらすのであるが、それに比べてホ長調の方は、なるほど演奏は比較的易しいけれども、これはロ長調の下属調であるため、全然そういう輝かしい効果を与えないからである。

この両者の相違を知るためには、初版（四〇頁）の勝ち誇るような転調と一八七四年に出た第二版のこれに相当する頁とを比較して見さえすれば良い。

交響間奏曲（初版では交響曲となっているもの）もまた無数の重大な修正を余儀なくされた。

初版

しかし先生はどうしてもこれに満足できず、ついに全く異なった立場ですっかり書き直された。すなわち初版に従ったのは、一番最後にこの曲の中心主題を再び持ってくることだけであって、それもいまやロ調からニ調に移調されて最後の終結部にいたるものとなった。

　この間奏曲は先生が実に苦心惨憺の結果作られた長い曲であったのに、先生はそれをすでに版が彫られた後でまた全部作り直されたのである。このことは、芸術的良心がどういうことをなし遂げる力があるかを示す一つの特異な例である。そしてこの同じ芸術的良心は、この上なく優れた最初の旋律をも生み出した。

これはシャブリエが言ったとおり「音楽の本質

第二版

そのもの」であって、私たちは感動なくしてこれを聴くことはできない。この新しい曲はニ長調であり、その詩的意味は元の曲ほど複雑でなく、単に「キリストの言葉によって作り変えられ広げられた世界の喜び」を描こうとするものである。したがってこれは同じ調に留まるものであって、元の間奏曲のように調の色合いを劇的に変えて暗黒と不明瞭とに移る必要がない。しかしこのようにされたため、先生は人間が異教の不信仰に戻った状態を叙述するのに、間奏曲と離れた別のニ短調の男声合唱を導入される必要があった。このようにして、この合唱は第二部で天使のもの悲しい合唱に先立っているのであるが、この男声合唱は第三期の新しい様式を予示するものである。そしてこの第三期の様式の主な点は、私たちが次の章で考察しようとするところである。

六　第三期（一八七二〜一八九〇）

いまや私たちは全く新しい人に直面する。ここではフランク先生は、はっきりした主義を持つ芸術家となって現れる。先生の才能は第一期には未だ荒削りで、その作品も試作の域を出なかった。また、第二期の作品は夢幻的であって、新しい地平線に向かおうとしたものにすぎなかった。ところが先生は、いまやこれらの時期を通り過ぎて完全な自覚に到達され、自分の欲するものが何であるかを自分で知るにいたられた。そして隔世遺伝によって与えられた才能が反省と経験とに結びつき、いまや先生は大胆にあらゆることをなし、無造作に充実した傑作を創ることができるようになられた。

このときにあたって最後の変貌がなされる。いまやフランク先生は、どのようにでも思いのままに作曲されることができる。青年期の躊躇と成熟期のほとんど修道院的な穏やかさはもう跡形もない。先生の弟子のロパルツが言ったように［注］、先生はあたかも「ある年月のあいだ休息して、次に来るべき新しい時期に必要な力を養われた」かのように思われる。そしてこの新しい時期は「先生がちょうど五十歳になられたとき、眩《まばゆ》い道のように先生の前に開けた。そして先生はこの道をば新しい喜びと輝きとを目指してひたむきに進まれたのであるが、その様子にはいささかの危なげもなく、熱烈な信仰と若々しい情熱に満ちておられた」。

［注］「国際音楽評論」〈*Revue Internationale de Musique*〉一八九〇年十二月号

フランク先生は、いまや自分のおびただしい芸術的感興を作品にまで創り上げる方法を体得されている。そしてかつ創作意欲が旺盛であられる。そして先生の創り出された作品は、生命力に輝き、美に溢れるものとなる。

先生は音楽のいかなる形式に対しても疎遠であろうとはされない。交響楽でも声楽でも室内楽でもさらに歌劇でも先生は次々に全部手がけられる。いやしくも音楽の世界で先生が探検されない領域は一つもない。そして音楽の広大な新しい世界を征服する途中で、先生は多くの価値ある発見をされる。そして霊感に基づいて伝統的形式に論理的に新生命を与えられる。

フランク先生の持たれた古典的精神の独創性がどこにあるかについては、私はすでに十分に述べたと思うから、ここでまたそれを繰り返す必要はほとんどないであろう。また先生の後年の作品を通読しさえすれば、このことは十分納得がいくことと思う。先生の第三期の記念すべき著しい作品を全部分析することは無味乾燥な無益なことで、読者にも退屈であろうから、私はこれをしない。むしろ私は主要な例だけに注意を向けることとする。そして三つの不滅の傑作については、比較的詳細な研究をさせてもらおうと思う。その三つの傑作とは「弦楽四重奏曲ニ長調」、一八九〇年の「オルガンコラール」および「至福」である。

私は残念ながら、魅力ある「アイオリスの人々」と「オルガンのための三つの小品」についてはくわしく述べる余裕がない。このオルガン曲は一八七八年の博覧会開催中、トロカデロに巨大なオルガンが据えつけられたその落成式のために作曲されたもの、と特記してある。この三つの曲の中にはロ長調の「カンタービレ」がある。これは優しい敬虔な主題を持っている。先生は芸術家でもあり、同時に心からのキリスト教徒でもあられたのであるが、この「カンタービレ」の主題は、そのような先生の典型的な祈りとしていつまでも残るであろう。この祈りは二度繰り返される。そしてここでもまた、私たちは素晴らしいカノンに感心させられる。このカノンは楽々と絶え間なく響いて、主旋律を装飾している。ところで右に述べたオルガンはカヴァイエ=コルの製作したもので、これには彼が新しく発明したクラリネット音栓が取りつけられたのであるが、右の曲の主旋律はそのクラリネット音栓の温かい表情に富む音質を特に示すために先生が作られたものであった。

また私は勝ち誇る調べを持つ「五重奏曲へ短調」についても語る暇がない（この曲は一八四一年の「ピアノ三重奏曲」以後初めての室内楽曲である。これは一八八〇年一月十七日に国民協会の演奏会で演奏された。その際、ピアノはサン=サーンスが弾き、マルシック、レミー、ファン・ヴェーフェルゲムおよびロワの諸氏が賛助出演した）。さらに「レベッカ」や「呪われた狩人」についても述べる余裕がない（この「呪われた狩人」は一八八三年三月三十一日に国民協会で初演された）。以上のように今は多くを割愛せねばならないのであるが、しかしここに一つの少々奇妙な展開が見られるのであって、これに対しては注意を喚起せねばならない。このことは先生の第一期の作品について語ったときに私が指摘したところである。それはすなわち先生が再びピアノ曲を作曲し始められたことであって、これは先生がほとんど四十年間全然なおざりにしておられた分野であった。

この当時までしばらくの間、作曲家たちが真面目なピアノ曲を書くことは途絶えていた。これに先立つバッハ、ハイドン、およびモーツァルトは、ピアノの前身楽器のために数々の傑作を創ったのであるが、これらの傑作をピアノは全部自分のものに継承した。そしてベートーヴェンにいたってピアノは真に高貴な楽器となった。ところが十九世紀の前半で幻想曲や協奏曲が有り余るほどおびただしく作られたが、それ以後はピアノ曲は芸術的にはなんら見るべきものを生み出さず、ただ頽廃に赴くよりほか仕方のない有り様となっていた。もちろんピアノの偉大な専門家たちは、技術的に若干の新しい巧みな工夫を細部にわたって付け加えた。またシューマンは自分の魂から生まれ出る詩を小品の形で表現し、これを霊感に溢れるものにしようとした。そのようにして彼はピアノの一作曲様式を創り出したのであるが、その新様式は彼の創った管弦楽そのものよりも、もっと管弦楽的なものとなった。そしてそれは魅惑的な、身近に感じられる響きを持っていて花のように美しくあった。さらにリストは古典的なピアノ奏法の足場を一挙に取り去り、それまで人々が思いもよらなかった音の組み合わせを用いてこの楽器を豊かなものとした。そして彼は名手的演奏技術に実に大きな刺激を与えた。しかしこれらのことがあったにもかかわらず、それまでの音楽家の中でベートーヴェンの業績に芸術上新しい要素を付け加えた人は一人もなかった。約言すれば、なるほどピアノの技術とその作曲様式は以前より優れたものとなったが、この楽器のために作られた音楽だけは確かに堕落していた。そしてすべて形あるもので進歩のないものは、萎縮してついには滅びるのである。

　ところでフランスにおいては、国民音楽協会によって重要な運動が始められていた。しかしその活動が主として管弦楽および室内楽を奨励することに向けられていたため、ピアノ独奏曲として興味ある作品は、ごく僅かしか作られていなかった。それでフランク先生はピアノ曲の真面目な作品が不足しているのを痛感されて、まるで六十歳とは思われない若々しい情熱をもって仕事を始められた。ここで先生がしようとされたことは、古い美の形式を新しいピアノ技術に適応させるということであった。しかしそのことは、これらの形式の外側にかなりの修正を加えることによってのみ可能なことであった。

　フランク先生が私たちにこの希望を最初に語られたのは、一八八四年の春であった。そしてこのときから一八八七年までは、先生の眼は絶えず象牙の鍵盤の上に留まっていた。

　先生がまず手掛けられたのはピアノと管弦楽のための曲であった。これはヴィクトル・ユゴーの菱形詩「魔神」からとった東洋的主題に基づく一種の交響詩である。この中ではピアニストは従来の習慣とは異なって協奏曲の独奏者としてではなく、演奏者の一人として扱われている。この作品は正しく言えばユゴーの詩の音楽的表現ではなく、またその主題とそれほど密接な関係を持ってもいない。これは単に最初の試みであって、この試みの完成としてまもなく現れたのが、かの見事なピアノ独奏曲「前奏曲、コラールとフーガ」である。この作品はその思想も技巧も全く斬新なものである。これは国民協会の演奏曲目の一つに加えられて、いっそうの興趣をそそるものとなった。この曲は一八八五年一月二十四日に同協会主催でポワトヴァン夫人によって初演された。フランク先生がこの作品に着手されたときは、単にバッハ式の前奏曲とフーガを書かれるつもりであった。ところがまもなく先生は前奏曲とフーガとをコラールで繋ぎ、このコラールの旋律の精神が全作品に漂うようにしようと思いつかれた。このようにして生まれ出た作品は、純粋に個性的なものとなった。しかもこの曲には隅々まで偶然的即興的要素は全然なく、その反対にすべての素材が一つの例外もなしに働いてこの曲を美しく充実させている。

　この作品中の前奏曲は、古典的な組曲の前奏曲と同じ形式で作られている。その主題はただ一つで、それが最初に主調、次に属調で述べられる。そして最後に現れる楽句は、ベートーヴェン的精神に基づいて右の主題にさらに完全な意義を与えている。コラールは三部に分かれ、変ホ短調とハ短調との間を往来し、二つの明瞭に異なる要素を示す。その要素の一つは絶妙な表情豊かな楽句であって、これはフーガの主題を予示し、そこにいたる道を具える。もう一つの要素はコラール自体であって、ここでは三つの預言の言葉とでも呼び得るものが朗々と響きわたり、静かな宗教的な威厳を具えて流れ出る。

次に、間奏部が変ホ短調から主調のロ短調に私たちを導いた後、フーガの旋律が次々に提示され、その展開の後、前奏曲で出てきた補助楽句の旋律と律動とがもう一度現れる。そしてその律動だけが後まで残る。そしてコラールの主題が力を込めて再び提示されるが、その際に右の律動がその伴奏をする。それからまもなくフーガ自体の主題が主調で現われ、この作品の三つの主要素が結合されて優れた終結部となる。

この終結部は眩《まばゆ》いばかりのものであるが、この終結部を演奏するにあたって演奏者がはっきり響かせねばならないのは、明らかにフーガの主題である。なぜならこれが全作品の基調であり、存在理由だからである。すなわち私たちは、この主題を前奏曲の第二頁にすでに見出す。そこでは主題は萌芽的ではあるが、しかし十分にそれと見分けがつく形態をとっている。

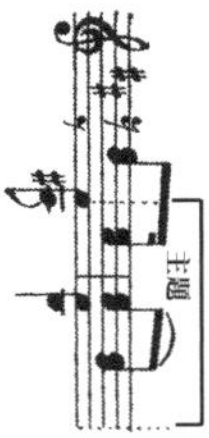

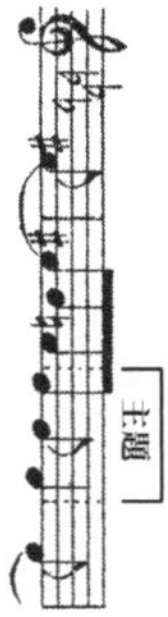

そして、コラールの第一要素の最初のところでフーガの主題はさらに明瞭な形になって現れる。

最後にフーガが始まるとともに、この主題の十分な提示が見られる。

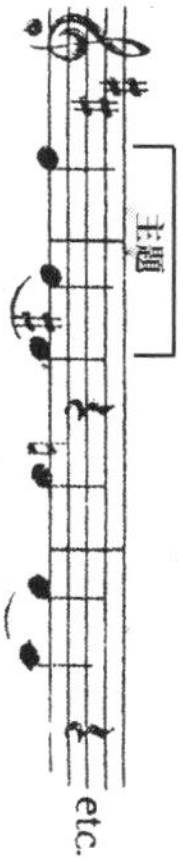

その後で前述の終結部にいたるや、この主題はほかの諸要素と結合してまた思い出される（前頁からの楽譜参照）。その瞬間からこの主題はその十分な意義において現れる。そして私たちをその勝ち誇る個性の中に包み込み、ついに最後の轟きがこの曲を結ぶのである。

次に「前奏曲、アリアと終曲」は、その構造から言って右の曲とは非常に異なっている。この曲はボルドペーヌ夫人に献げられたものであって、これは一八八八年五月十二日に国民協会の演奏会で同夫人によって初演された。この作品はソナタ形式の革新のために大きな役割を果たしている。それはちょうど「前奏曲、コラールとフーガ」が前奏曲とフーガのためになした役割に比べられる。

ここでは前奏曲の主題は四つの部分からなる長い楽句であって、これは著しく持続的な芸術的感興に基づく。この主題はこの楽章の中程でその関係調で繰り返され、さらに終わりに主題（ホ長調）で僅かに形を変えて再現する。すなわち私たちは、ソナタのアンダンテ楽章の形式をここに認める。

アリアでは簡単な静かな旋律が二回提示され、変イ長調から変イ短調に転調する。この旋律には短い導入部と終結部が前後に付いていて、いわばその枠の中にこの旋律がはめ込まれている。そしてその終結部が終曲でまた現れる。

その終曲はどうかというと、これはその外観からもまた本質的構造からもソナタ形式を具えている。しかしこれは次の点でソナタ形式とは異なっている。すなわち主調は第二主題が再現するときに初めて現れ、そこから終わりまでなんらの変化なしに続くのである。このように主調に帰るまでには驚くほど多様の調の色合いの変化を通るのであるから、こうしてようやくのことで主調に戻ることによっていっそう喜ばしい効果がもたらされる。この曲では主題が伝統的な手法で展開された後、周囲が活気づいている只中で、アリアが変ニ長調で再び静かに響く。そこから各主題が再び提示され終わると、前奏曲の気品ある旋律が主調の只中で無理に己を確立し、次いでアリアの各要素が表情豊かに一連の音調の変化をもたらして終わりにいたる。しかしここでは「前奏曲、コラールとフーガ」のようなりんりんと鳴り響く終結部は持たずに、あたかもその旋律が希薄な空気の中に蒸発してなくなるように柔らかに消え去っていく。

以上の二作品のうち、いずれがより多くの芸術的感興に富むかを断定するのは困難であるが、しかし次のことだけははっきり間違いなく断言できるであろう。すなわち当時のピアノ音楽は名手的技術と空虚さと二つの間に挟まれて身動きが取れず、そのため滅亡に瀕していたのであるが、右の二曲はそのような状態にあったピアノ音楽に活を入れて、これを蘇生せしめたのである。

以上のように右の二曲は、ピアノ音楽の作曲技術を革新したものとして典型的な作品であるが、この二つの間に入れるべきものにピアノと管弦楽のための「交響的変奏曲」がある。［注］

［注］これは一八八六年五月一日に国民音楽協会で初演されたが、そのときのピアノはL・ディエメ氏が弾いた。

この曲のように変奏曲形式を拡大することとは、既述のごとくベートーヴェンが大家的手腕をふるって始めたものであるが、フランク先生のこの曲はその技法を受け継いだものである。

以上のように、この時期にははなはだ活発に制作がなされたのであるが、同じくこの時期になされたこととしては「至福」の完成と「ユルダ」および「ヴァイオリンとピアノのためのソナタ イ調」の作曲がある。この「ソナタ」の方はウジェーヌ・イザイに献げられたものであるが、私はこれについて二、三述べたいと思う。なぜならこのソナタは、壮大な変奏曲の組織を伝統的形式に適用したものとして最も著しい例の一つだからである。

この傑作の旋律的基礎は三つの主題から成り立っている。そしてその中の第一主題はこの曲の萌芽であって、これは最初に律動的な姿で提示される。

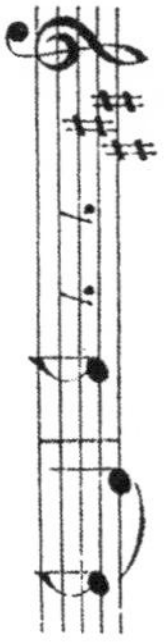

そしてこの主題は、さまざまな形をとってこの曲の全構造を支配する。

残る二つの主題

および

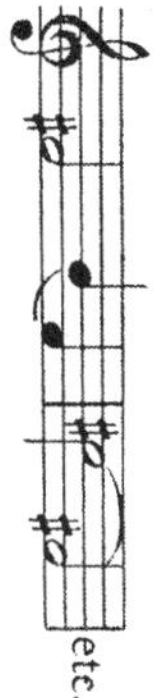

はどうかと言うに、この二つは曲の進行につれて続いて現れ、曲が最高頂に達するとこれらの主題もまた十分に展開される。

右に引用した三主題は、いわば有機体の胚種のようなものである。そして言うまでもないことは、この中の第一主題がこの作品の全四楽章の主題として用いられていることである。この曲の終楽章は古いロンド形式を大胆に変形したものであるが、右に述べた第一主題はこの終楽章において旋律的カノンの見事な一典型を生み出している。このような見事なカノンを創り出すことができた人としては、今までにただフランク先生あるのみである。

そしてこのときから現代交響芸術の基礎たる循環形式が創り出され、聖《きよ》められたのであった。

「交響曲ニ短調」は堂々たる、造形的な、完全な美を具えた曲であるが、この曲も右と同じ方法で組み立てられている。私がここで故意に方法という言葉を用いる訳は次のとおりである。フランク先生は類のないほど善良な方であったにもかかわらず、多くの敵を作られた。そしてこれらの敵対者たちと無知な誹謗者たちとは、このときまで長い間フランク先生に対して「単に経験に基づいて即興作曲をする人である」との根本的に誤った批評を下していた。ところが彼らはいまや突然その説を変更して、「フランクは音楽上の数学者である。彼は形式を操ることにばかり良心的で、そのため芸術的感興と衝動とを疎かにしている」と言い出した（こんな風にいつも俗人は理想家や天才を非難するのである）。しかし十九世紀後半の作曲家で、フランク先生ほどに崇高なものの見方をすることができた人をほかに指摘することができようか。また「交響曲」「四重奏曲」および「至福」の音楽的基礎に横たわる偉大な思想を見よ。これらの偉大な思想は、フランク先生がこれをご自身の熱誠溢れる心の中に見出されたものであって、先生以外に誰がこのような思想を見出すことができたろうか。

芸術史上しばしば起こることであるが、同時代の創作家たちがあらかじめ互いに知り合ってもいないのに、同じ芸術的感興を抱いて同じ形式の作品を創る場合がある（もちろん形式は同じでも、その重要性まで同一かどうかは論外である）。画家と文学作家との間にこのような芸術的相互感応が起こるのはよくあることだが、しかしその最も著しい例は音楽芸術上に見られる。

一八八四年から一八八九年までといえば、同じくフランク先生の第三期に属するが、この六年間の間に不思議にも純粋な交響曲形式が再び現れたことは注目すべき事柄である。旧楽派を代表した一、二の重要でない人々や若い作曲家たちを除けば、ラロ、サン＝サーンスおよびフランク先生の三人がこの時期にそろって真の交響曲を作った。この三人はいずれもすでに名をなしていた人々であった。しかし彼らの作った作品は、外部形態も精神も互いにはなはだ異なっていた。

これらのうち、ラロの「交響曲ト短調」はきわめて古典的傾向のものである。その特徴としては各主題が魅力的であること、および特に律動ならびに和声が魅惑的かつ優雅であることがあげられる。ラロは「イスの王」を書いた想像力豊かな作曲家であって、右に述べた諸点は彼の持つ著しい特色である。

次にサン＝サーンスの「交響曲ハ短調」は、疑いもなく優れた才能を示すものである。これは調性構造の伝統的法則に対する一つの挑戦のようなものである。作曲者はこの戦いをなすにあたって賢明であり、また雄弁である。さらにこの作品が興味あるものであることは争う余地がない。すなわちこれは同じくサン＝サーンスのほかの多くの曲のように、一つの散文主題「怒りの日」に基づいている。しかしそれにもかかわらず、結局においてこれは疑問の作であり、悲しむべき結果に終わっているとの印象を与えるものである。

これに反してフランク先生の「交響曲ニ短調」は、至純な喜びと生命の光とへ絶えず昇っていく曲である。そしてこの曲は技術的に充実しており、その各主題は理想美をあらわす。その終楽章の中心主題は実にこの上なく喜ばしげであり、この上なく健全で活気に満ちたものである。そしてこの中心主題の周囲に、この作品のほかの各主題が全部群がって結晶をなして現れる。他方、高い音域ではすべてのものが「信仰の主題」なる動機によって支配されている。この動機を「信仰の主題」と名付けることはロパルツ氏によってなされた［注］のであるが、この名はきわめて適切である。

［注］Ｊ・ギィ・ロパルツ著『近代の交響楽』。「芸術の表現法」からの抜粋。一八九一年、ルメール書店出版〈Guy Ropartz, *Symphonies modernes: Notations artistiques*, Lemerre, 1891.〉。

この交響曲は前述の六年間に潜在した芸術作品の絶頂として、当然作られるべきものだったのである。［注］

［注］ある批評家たちは、フランク先生の交響曲がサン＝サーンスの「交響曲ハ短調」からただ派生したものにすぎないと見ているが、これは誤りであって、私たちはこの間違った見解を是正すべき義務がある。右の批評家たちは「派生したもの」とは呼んでも「模倣したもの」とはさすがに言わない。なぜならこの二作品の間の相違はあまりに明瞭だからである。この問題を解決するためには、単に事実を述べるだけで十分である。すなわち、なるほどサン＝サーンスの右のオルガン付き交響曲は一八八六年に英国で初演されたけれども、その翌年まではこの曲はフランスでは知られもせず演奏もされなかった（すなわちこれは一八八七年一月九日に音楽院で演奏された）。そしてそれがフランスに紹介されたときには、フランク先生の交響曲はすっかり完成していたのである。

次に「プシュケ」は私が特に愛している作品である。なぜかといえばこの曲は先生が栄光にも私に与えてくださったのであって、しかもその献題の辞で私をうやうやしくも「友人」と呼んでくださっているからである。この曲の初演は一八八八年三月十日に国民協会でなされ、さらに一八九〇年二月二十三日にはこれがコロンヌ演奏会で再演された。

この作品の神秘的意義についてはすでに述べたところであるが、この曲の標題は古代ギリシア神話に基づいているにもかかわらず、異教的精神はここには見られず、ましてや文芸復興期的精神は全然含まれていない。かえってその反対に、この曲には基督教的な気品と感情とが浸み込んでいる。そしてこの作品はパドヴァの「基督一代記」やアッシジの「聖フランチェスコ伝」などのフレスコ壁画を思い出させる。ところでドゥルパ氏は前述（本訳六七頁）の小冊子の中でこの曲について述べているが、私はいまこれに対して読者の注意を促したいと思う。氏の意見は細かい観察の結果である。そして氏は学殖ある批評家であって、なんら偏見を有しない人であるから、氏の意見はいやしくも芸術的感情を持っている人々には興味を与えずにはおかないであろう。

「古代神話によればプシュケ（魂）はエロス（愛）によって動かされたが、しかし知識を得たいと無分別に急ぎ、好奇心に駆られたため、元の状態に堕落して二度と立ち上がることができなくなり、彼岸の世界を直接見ることは永久に不可能となったというのである。しかしフランクはこの異教の伝説から離れ去ることを躊躇しなかった。そのようにしてフランクの詩はめでたく終わっている。プシュケは外界の物音を何も知らず眠りに入る。するとプシュケにとって純粋な霊感を意味する西風がプシュケを運んでエロスの園に連れていく。これは憧れの楽園である。そこにはプシュケの天上の夫（エロス）がプシュケを待っている。しかし彼は神秘の雲をまとっているので、プシュケは無分別にもこの雲の中に突き入ろうとする。途端に崇高な幻は掻き消えてしまう。このようにしてプシュケは再び地上に墜ちてしまう。それで彼女は悲しげに彷徨いながら、自分の禍を嘆く。するとエロスはプシュケの抱いた野心を赦す。なぜならその野心は実はエロス自身が与えた正当な野心だからである。そのようにしてエロスとプシュケとは共に連れ立って光明の世界に飛び帰る。これは聖化であり、また、もはや信仰を必要としない愛である。この愛はその対象を眼のあたり見、かつ所有する。実にこれこそ真の贖罪である。」

「ところで『プシュケ』の音楽の与える芸術的感興は、その歌詞以上に全く近代的であり、基督教的である。その合唱はきわめて純粋な柔らかな複音楽の形で展開し、影一つない輝きの世界にいと高く止まる。ベルリオーズの『ファウストの劫罰』や『キリストの幼時』に出てくる天使の合唱でも、これほど明瞭に天上界の印象を与えはしない。」

「エロスとプシュケとは自分の思いを言葉に表すことをしない。かえって二人の感情は管弦楽で表現される。その理由はこの二人は実は生きた存在ではないからである。フランクは元来の神話の主人公と女主人公とを忘れて、この二人を人間の魂と神の愛との象徴としている。言葉の伴わない純粋音楽は、これらの非物質的実在を表現する媒介としてはこの上なく十分なものである。なぜなら純粋音楽の音符は、なんらはっきりした意義をもたらすものではなく、その楽句もなんら正確な意味を有しないからである。そういうわけで、このオラトリオには全然独唱部がない。そして管弦楽が最も重要な役割を果たす。すなわちプシュケの恍惚状態と悔恨と最後の至福、および眼に見えないエロスの行為とその豊かな結果が管弦楽で描写される。そして合唱もなんら人物を代表せずに、ただここかしこで短く劇の動きを歌う。」

「したがって、この全作品が基督教的神秘主義の息吹きに満ちていることは明瞭である。すなわち地上に追放された悲しみの歌には幾分祈りを思わせるものがある。また弦楽部の非常に持続的な和声にしても、ヴァイオリンがたどる旋律線にしても、管楽部が担当する挿入部にしても、これらは官能的な印象を全然与えない。かえってこれらは心が聖霊に満たされて神にあこがれるさまを表現している。」

この神秘主義的傾向は「行列」および「まぐさ桶のかたわらの聖母」ではいっそう強くなっている。これらに見られる神秘主義は魅力ある神聖な神秘主義である。「行列」は一八八九年四月二十七日に国民協会で初演された。「まぐさ桶のかたわらの聖母」は一幅の絶妙な絵画であって、初期のウンブリア画派を思い出させる。歌詞はやや感傷的すぎるけれども、その音楽が誠実な魅力を持っているため歌詞の欠点が補われている。それはあたかもバルトロ・ディ・

フレディの描いた小さい聖母が一人サン・ジミニャーノ寺院の壁画から抜け出して、パリに来て音楽を奏でているかのような趣がある。

この宗教的な優しさは「マニフィカート」の多くの短い曲中にも見られる。これらの小曲はフランク先生の死後「オルガニスト——小オルガンのための五十九曲」という平凡な題で出版された。

夕方の礼拝の最後に聖母に対する讃美歌が歌われた際、先生は聖歌隊と交互して短い即興曲を弾かれたのであるが、その折の先生の喜びを私たちの中の誰が忘れようか？　先生は朝の礼拝には奉献誦や聖餐曲を弾かれたので、それらの曲の旋律や調の構造を、真剣に急いで考え出されねばならなかった。しかし夕方の礼拝では、そういうことに心を使われる必要がなかった。朝の礼拝であると、この先でどういう曲を弾こうかと考えるような様子が先生の口許に見られ、その指先が音栓の上で一瞬ためらうのであった。ところが夕方の礼拝ではこのような様子が全然なかった。この「マニフィカート」はいわば絶えることない先生の微笑であった。それは明るい、顔いっぱいの微笑であり、確信に満ち、死を全然知らぬ微笑であった。ひとことで言えば、これらの曲はフランク「お父さん」の微笑なのであった。

フランク先生は、いかにも楽しげにいそいそとこれらの短い曲の即興演奏を始められたのであって、そのさまはちょうど子供が仲間の遊戯に加わるときのようであった。そして先生の晩年に一出版者がこれらの即興曲のことを聞いたとき、彼はそれらの現れては消える印象を集めて「小オルガンのための百曲」を作ってもらえまいか、と先生に頼んだ。すると先生は飛びつくようにこの案に賛成された。そして非常な熱心さをもって仕事に取り掛かられ、これらの小曲を一朝で四つか五つ作ってしまわれることも度々あった。ところがこの仕事は先生の死によって中断された。

　ところでガルディ師はサントクロティルド教会の司祭であり、フランク先生とは二十五年来の知己であった。また師は先生のご依頼で先生のお宅へ赴き、先生の臨終の聖式を司った人である。師が私たちに語ったことによると、師はこの天才フランク先生の臨終が近づいたころ、何回か先生を訪れた。それらの折のあるときのことであるが、おそらく先生はこの司祭に会われたことから日曜毎の即興演奏を思い出されたらしかった。先生は司祭の方を向かれ、そのやつれた顔にまだ以前の喜びを幾分輝かせてこう言われたという。「ああ、あのマニフィカート！　私はなんとあれを愛したことでしょう！　あの美しい歌詞のために私はいくつ即興曲を作ったことでしょう！　私はその中のいくつかは紙に書きました。出版屋には六十三曲送りました。けれど私はもっと増やして百曲にしたいのです。私は良くなったらすぐ続けて書くつもりです。しかしもし良くならなかったら」とここで先生は声を落として続けられた「多分神様が未来の永遠の国でこの全曲を完成させてくださるでしょう」と。

　さて、私はいまやフランク先生の劇音楽の二つの試みに向かわねばならない。その第一のものは「ユルダ」であって、これは一八八二年に着手され、一八八五年に完成した。第二のものは「ジゼル」であって、その完成した草案には一八八九年九月二十一日付の署名がある。

私がこれらの作品に対して「試み」という言葉を用いたことは、あるいは意外に思われるかもしれない。もちろんこれらの作品が有する音楽的価値が大きいことについては議論の余地はなく、また実際議論もされていない。しかし先生の第三期のすべての交響作品には、先取り的な動きと幅の広い革新的な衝動とが見られるのに、右の二作品は劇音楽としてそういう特徴を持っていないように思う。

妙な言い方であるが、フランク先生の歌劇は事実そのオラトリオほど劇的でない。これらの作品が芸術的に劣っているのは、その台本のせいだということも大いにあると思う。実際、先生が手にされた台本は詩として陳腐きわまるものであった。当時、歴史歌劇はまさに滅びかかっていたのであるが、右の二曲の台本はそれらの歴史歌劇の台本と比べて全然勝るところがなかった。しかし同時に付け加えねばならぬことは――何も非難する意味ではなくて――先生の才能が劇場音楽の方面にはなかったことである。

フランク先生はその生活においても、またその作品においても全然劇場的ではなかった。いったい劇場音楽というものは単に舞台上の効果だけを狙うものであって、何でもよいから聴衆の耳に聞き栄えがすればそれで良いのである。そうしてこういう取り扱い方だけが、先生の台本にもふさわしいものであった。しかし、どうして先生にそのような音楽を構想できたであろうか？　否々、先生はあまりに誠実であまりに良心的でありすぎたため、そのような芸術を心に考えられることすらできなかった。それで先生はただ美しい音楽を書くことで満足された。そして新しい劇的表現を探し出すことは何もされなかった。なぜならこの台本ではそのような新しい表現などはできるはずがなかったからである。

しかし、同時にフランク先生は「ユルダ」の作曲中一度だけは夢中になられた。すなわち先生は最初からこの作品中のバレエの部分に熱中された。このように先生が夢中になられたのがバレエであったことは注目に値する。なぜならそのバレエ音楽もやはり交響音楽だったからである。

フランク先生はこのバレエ曲を休みなしに、序曲と同時に書かれた（この序曲は現在の総譜の中では出てこないで、その代わりに終曲がある。しかしどういうわけで序曲が終曲と置き換えられたのかは誰も知らない）。一八八二年の秋のある夕方、アンリ・デュパルクと私とがフランク先生を訪れたとき、先生は顔を紅潮させ、たいそう興奮した様子で出てこられ、次の言葉を私たちに向かってまくし立てられた。そういう先生の振る舞いを真に理解できるのは、フランク「お父さん」を知っている者たちだけである。すなわち先生はこう言われた。『「ユルダ」のバレエ曲は実に良いと思うよ。わしはすっかりこれを気に入った。わしは今これを自分一人で弾いていたところなんだ。そして踊ってさえいたんだよ」と。

「ユルダ」は一八九四年にモンテ・カルロの劇場で初演された。

「ジゼル」の方は「ユルダ」よりもさらに早くはかどった。すなわちこれは一八八八年の秋に着手されて、既述のとおり一八八九年の九月に完成した。

この一八八九年には、ほかにも多くの作品が生まれた。すなわちフランク先生はいまや揺るぎない自信を持たれ、八週間の休暇中に「ジゼル」の最後の二幕および崇高な「弦楽四重奏曲」を書かれることができた。先生はまるでご自身の死を予知されて、自分の内部にいまだ残っていた音楽を急いで全部外に出してしまおうとされたかのようであった。

フランク先生が亡くなられたときには「ジゼル」の管弦楽化の覚え書きはすっかりできており、また第一幕は完成していた。残る二幕の管弦楽化については、五人の弟子たちがこれを完成する光栄をになった。この弟子たちはいずれも先生の内心の思想を熟知し、また先生の鉛筆の覚え書きの書かれ方を十分に知っていたので、この弟子たちにはこの管弦楽化の仕事は容易であった。[注]

[注] この五人の弟子たちとは、ピエール・ド・ブレヴィル、エルネスト・ショーソン、アルテュール・コカール、ヴァンサン・ダンディおよびサミュエル・ルソーであった。

「ジゼル」の初演もやはりモンテ・カルロで一八九六年四月五日にされた。

私たちはいまや最後の諸作品に到達する。これらの作品は天才フランク先生の業績の絶頂をなす、実に優れたものである。私はこれらの三つの傑作を本書第二部の始めからいままで持ち越してきたのであるが、実はこのような絶対的な美は説明を許さない。しかしそれにもかかわらず、私はどういうわけでこれらがこのような感動を与えるのか、その原因をできるだけ分析し解明したいと思う。しかし私はこれらの感動をここに再現することはできない。私は元来音楽家であって、その私が音楽ならぬ言語という表現手段で音楽について語らねばならないのであるから、読者諸君も幾分大目に見てくださって、私の筆がこれらの傑作を叙述することができなくても許していただきたい。世には音楽家の専門的技術は全然知らないけれども、なおかつ音楽を愛し美を理解する人たちがある。私はその人たちを目標として、その人たちに私の説明を理解してもらえるようにしたいと思う。

七 「弦楽四重奏曲 ニ長調」

弦楽四重奏という形式の曲は、作曲家の円熟期の作品であることが必要であって、円熟期の作でないような弦楽四重奏曲は、なんら真の芸術的意義を持つことができない。

これはなにも私が独断的な法則を立てようというのでは全然ない。かえって右に述べたことは経験が証明しているのであり、また歴史を見てもその正しいことが分かる。

実際、天才的音楽家の場合でも真に立派な弦楽四重奏曲がその青年期に作られた例はない。モーツァルトの四重奏曲の最高傑作も一七八九年から一七九〇年までの間、すなわちモーツァルトが三十三歳のときに書かれた。そして三十三歳といえば、このモーツァルトという特殊な場合においては老年期に比敵するのである。

ベートーヴェンが初めて四重奏曲を作ったのは三十歳のときで、それまではこの形式のものを手がけることはあえてしないで待っていた。彼は二十七歳のとき、アポニ伯から「四重奏曲を作ってくれるように」と頼まれ、ベートーヴェンはこれに心をそそられたのであるが、それでも彼はこれを断ったのであった。そしてそのときからなお九年後、「四重奏曲第七番ヘ調」を作るにいたって初めてベートーヴェンはこの形式の勝手が分かり始めたのである。この分野

における ベートーヴェンの作品中「第一番」から「第十番」ないし「第十一番」までは試作にすぎない。いったい真の四重奏曲というものは、四個の楽器の助けを借りて創った新しい芸術でなければならないのであるが、ベートーヴェンがこのような真の意味の四重奏曲を創ったのは、やっと一八二二年以後、すなわちベートーヴェンが五十二歳のときからであった。

エドヴァルド・グリーグは自分の修業時代のことについて書いてアメリカのある新聞［注］に寄稿し、これが大評判になったが、それによるとグリーグはライプツィヒ音楽院に入学した後、教師のライネッケに弦楽四重奏曲を書かせられたという。

［注］エドヴァルド・グリーグ「私の最初の成功」一九〇五年、ニューヨーク「独立新聞」所載。〈Edv. Grieg, *My first success*, The Independant, New-York, 1905.〉

これはいかにもドイツの偉い先生などのさせそうなことである。それはともかくとして、こうして出来た作品は拙いものであったと作曲者グリーグは自分で率直に認めている。けれどもこの初期の誤った教育の結果は、いつまでもグリーグの上に残った。すなわちグリーグはなるほど国民的な、魅力のある歌曲を即興的に作ることにかけては優れていたけれども、しかし交響曲作曲家にはなれなかった。

しかしある人はこう言って反対するかもしれない。「管弦楽曲を書くことができる人なら、もちろん四重奏曲を作曲できるはずではないか」と。しかしこの意見は全く誤りであって、それはただ皮相的な判断を下す人だけが抱く考えである。

いったい一つの思想を表すのに弦楽四部によるのと、室内楽の四重奏曲形式によるのとではまるで違うのであって、この二つの方法の間にはほとんど関係がない。室内楽の場合はその作曲の基礎も形態も様式も交響楽の場合とほとんど正反対である。そういうわけで作曲家があまり若い時期に書いた四重奏曲は、たとえそれが聴く人の心をそそり耳を喜ばすものであっても、その構造が充実していないためじきに古くなって滅びてしまうのである。

この理由を説明することは容易であるが、しかし本書では作曲理論を取り扱っているのではないから、これを説明することは横道にそれることになる。それゆえ私は単に次の事実を強調するだけにとどめておく。すなわち弦楽四重奏曲はすべての形式の中で正当な取り扱いが最も困難なものである。弦楽四重奏曲は統一ある中に多様な変化を含むことを本質的に要求しているのであるが、これに到達するためには作曲家の知性と天分とが円熟し、それに加えて筆致が確実であることがぜひとも必要なのである。

フランク先生が初めて弦楽四重奏曲を作ることをあえて思い立たれたのは、五十六歳のときであった。そして一八八八年にいたっても、まだ先生は構想を練る以上には進まれなかった。私たちは先生のピアノの上に、ベートーヴェンやシューベルトやブラームスの四重奏曲の楽譜が散らかしてあるのを見て驚いたものであった。そして実際に最初の覚え書きが書かれたのは、やっと一八八九年の春になってからであった。

第一案

この曲の第一楽章は曲全体の中心思想であって、先生はこれには実に苦労された。昨日はこれでよいと思ったものを今日は気にして消してしまって、また新しく書き始められるというようなこともしばしばあった。先生は最初の部分を一つの旋律に基づいて優に三分の一まで作り上げられたのであるが、後になって先生はその楽想の本質的構造をほとんど全部修正してしまわれた。すなわち第一案はすでに清書してあったのに、先生は躊躇せずにこれを削除され、新しく第二案によって書

第二案

き始められたのであった。ところが先生はこれにも満足できずにそれを破棄して、また別の最後の第三案によって書かれた。

この部分の楽想は曲全体の展開の上に非常に重要な役割を果たしている。それで私は右に述べたことを具体的に示すため、右の三つの案を上に掲げることとする。若い作曲家で、自分の書いたものはどんなものでも絶対的なものだ、と思い込んでいる人があるが、そういう人にとってこれは良い教訓となるであろう。

これはベートーヴェンの場合でも同様で、ベートーヴェンは「ピアノソナタ作品五三」の終楽章の主題をはっきり決めるまでには、あれこれと五つも作ってみたのであった。それにもかかわらず、この主題を聴くと、まるでそれがベートーヴェンの霊感の泉から直接流れ出たもののように思われるのである。

フランク先生もその第一楽章の構想にそれほど骨を折られたけれども、しかしそれは決して無駄ではなかった。なぜなら先生はついにこの傑作にふさわしい独特な形態を見出すことに成功されたからである。先生がこのことに成功されたのも、おそらく先生がこのように躊躇し、後戻りされたからこそなのである。

この第一楽章は、実にベートーヴェンの最後の四重奏曲以後の器楽曲の中で最も驚嘆すべきものである。その形式は全く斬新で独創的である。それは二つ、の楽想から成り、その各々がそれぞれ別々の生き物で、それぞれ完全な有機的組織を有する。そしてこの二つは種々の要素と区分とを持っているが、それらは完全な秩序を保っている。したがってこの二つの楽想は互いに相手の中に入り込んでも、相手の中に溶け込んでしまうことはない。

この「四重奏曲」は「五重奏曲へ短調」や「交響曲」や「ヴァイオリン・ソナタ」と同じように、一つの萌芽的楽句に基づいて組み立てられている。そして全曲は音楽的輪環をなし、この萌芽的楽句が全曲の表現上の基礎となっている。この曲は大胆な、しかし調和のある美を持っているのであって、先生および先生以前のどの作曲家のどの作品でも、その点ではこの四重奏曲に肩を並べることができるものはない。この曲は室内楽曲の典型的な標本である。この曲中の諸楽想は類なく立派で崇高であり、その構造は完全で斬新であり、また実に独創的である。

私がこれからしたいと思うことは少し専門的になりすぎて、ある読者には幾分退屈かもしれない。しかし私はその他の少数の読者のために、この四重奏曲の右の二つの楽想がいかに結合して一つの有機的統一体となっているかを説明してみたいと思う。私はこれらの二つの楽想を呼ぶのに用いる適当な名称を見出すことができないので、普通は楽章全体の形式を呼ぶのに用いられる名称で簡単にこれらを呼ぶこととする。それに従えば一つの楽想はリート形式、もう一つはソナタ形式と名づけられる。

まずリート形式はゆっくりした提示部を持っているが、この提示部では前述の萌芽的楽句がそれだけで主題となっている（主題X）。

主題X

これはニ長調の完全な提示部である。その後にアレグロでソナタ形式の提示が続く。これには二つの主題があり、その第一（主題A）はニ短調であり、

主題A

その第二のもの（主題B）はへ長調で古典的な様式による。

主題B

以上の二つの主題A・Bは一つの旋律（動機C）によって結合される。

動機C

この動機Cは、後に終楽章で重要な役割を果たす。

ソナタ形式の提示部は関係調たるへ調で終わるが、その際にリート形式と同じ形が用いられる。

古典的手法から言えば、この後にソナタ形式の展開部が来るはずなのであるが、そうはならず、その代わりにリート形式がへ短調で再び現れる。そしてこれがフーガ的に取り扱われ、かなりそれが続いて中間部たるにふさわしい重要性をこれに与える。この中間部はアンダンテである。

これは感嘆すべき神秘的な瞑想である。それはちょうど黄昏が迫ってくるように、徐々に繰り広げられて陰鬱な色合いが次第次第に濃くなっていく。

それからアレグロのソナタ形式がまた出てきてリート形式の夜の帳《とばり》を払いのける。そして

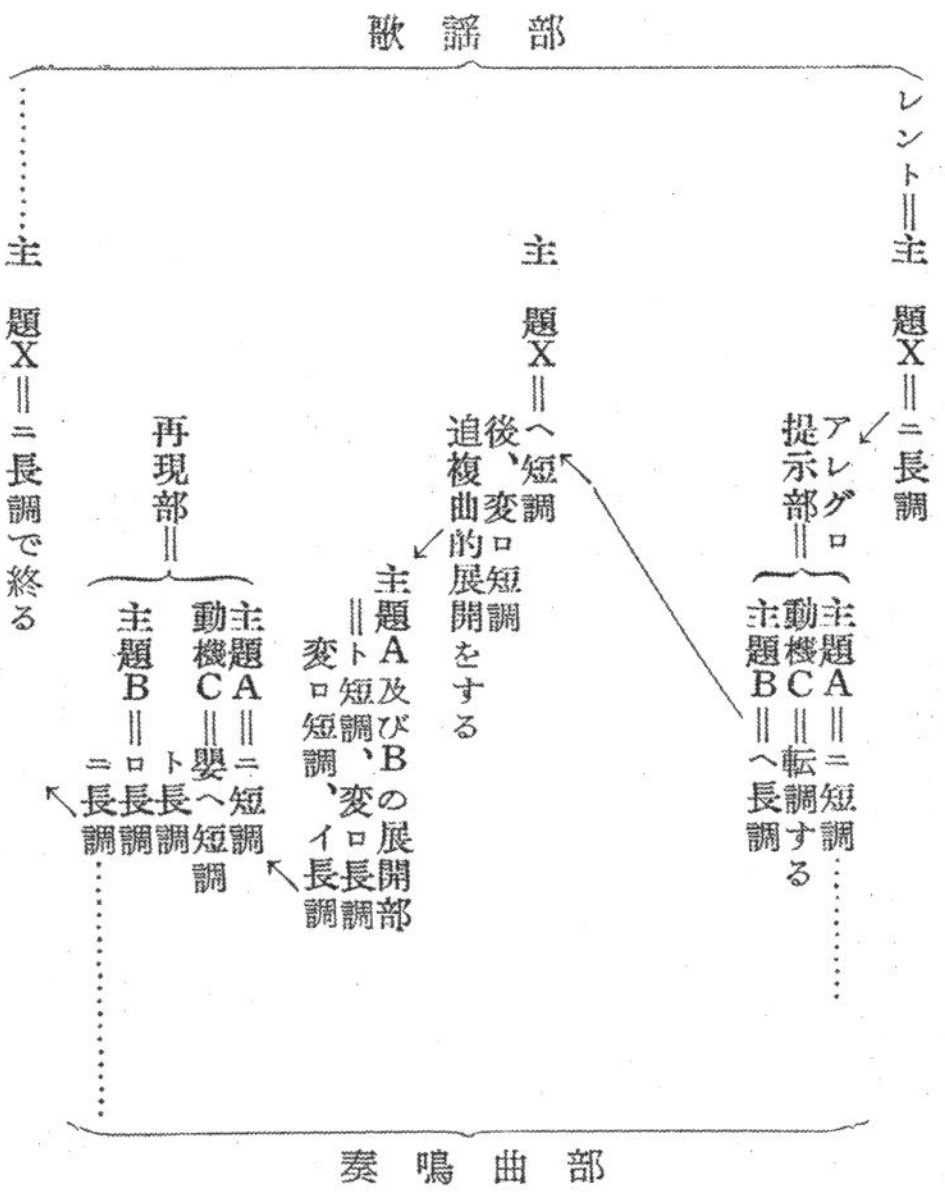

強引に上昇的な展開をなし、再び光明界に向かって昇っていく。しかしそれは不成功に終わる。そしてその次の再現部でも、ただ暗黒の覆いをここかしこめくり上げることに成功するだけである。長く待ちこがれた輝きに私たちを連れ戻すのは、やはりリート形式の働きに俟《ま》たねばならない。このリート形式はいまや勝ち誇って主調に戻り、静かに優しく終わるのである。

この楽章の構造を言葉で説明することは困難であるから、ここで言おうとすることを明らかにするため、私は次に第一楽章の構造を図示しよう。私がすでに引用した各主題を参照すれば、この素晴らしい曲の構造を理解することが容易となるであろう。私はこれらの主題を数学問題の証明のようにX・A・B・Cの文字で示しておいた。

しかしこの傑作を聴く人は、その稀有な見事な構造にほとんど気付かない。立派な芸術作品はいつでもそうなのである。そして私たちは、ただある力強い偉大なものに直面しているという感じに打たれ、各主題の持つ圧倒的な魅力に心を奪われてしまう。

次のスケルツォ楽章は嬰ヘ短調で、これは戯れの曲である。もし浪漫派の時期であったら、これは「月のない晩に野山で風の精たちが踊る輪舞」とでも叙述されそうな曲である。先生はこの楽章を十日間で作曲された。しかしもし構想はそれより前にできていたとすれば、いま言った「十日間」というのは実際に紙に書くだけに費やされた期間であることになる。なぜ「十日間」と言うかといえば、この楽章の草稿には「十一月九日」の日付があり、また第一楽章の終わりには大きい字で「一八八九年十月二十九日」と走り書きしてあるからである。なおその後に第一楽章の所要時間として「十七分」と注が付けてある。右のスケルツォ楽章の草稿にはほとんど消した跡がない。

次に第三楽章は先生特愛の調たるロ長調のラルゲットの形で書かれている。これもまた純粋で雄大な曲であり、ひたむきな旋律を持っている。これらの点でこの曲は典型的な作品である。そしてその思想も構造も表現も実に崇高で完全な美を具えている。ベートーヴェンの後期の四重奏曲以来のどの音楽の中にも、これほど優れた緩徐楽章を見出すことは不可能だと思う。これは一つの長い祈りである。

この楽章もフランク先生が長い間かかってやっと見出されたものであった。先生はこれを作られる間に、希望と落胆とを繰り返されながら不断の努力を続けられたのであるが、先生は私たち古い弟子たちに対しては、それらのことを少しも隠そうとされなかった。ある日、私が先生をお訪ねしたとき、先生はその居室の奥から実に喜ばしげに私に呼びかけて言われた。「とうとう見つかったよ！　美しい旋律だ。君にもぜひ聴いてもらいたい！」と。そして先生は時を移さず急いでピアノのところに行き、私にもその幸福を分けてくださったのであった。

ああ私の先生！　先生がそのとき発見なさった萌芽は、後になって花咲いてあのような実を結びました。そして今ではそれが十分に伸びて、輝かしい大木となり、音楽芸術全体の名誉となっております。先生は「セラフ天使のようなお心」を持っておいでになった、と相弟子のアレクシス・カスティヨンが申しましたが、いったい先生はそのお心のどの隠れた隅から右のような素晴らしい萌芽を発見なさったのですか？

最後に終楽章は第一楽章ほどその構造が自然ではない。しかしこれも十分研究する価値がある。これはソナタ形式を具えている。これを聴く人は、その導入部の中にそれまでの諸楽章の各主題を次々に認めるであろう。これはよく用いられる手法であるが、それが手際よくなされた例はめったにない。

この導入部の最初の覚え書きは少々珍しいものである。少なくともそれは簡潔である点で珍しいと言える。すなわち言葉による指示が楽譜の覚え書きの中に混ざっている。この覚え書きの中で先生は、まず終楽章の大体を書き記されている。これは構造を練る段階の中間的な仕事

であって、ドイツ人が Durchführung と呼ぶ過程である。次に、

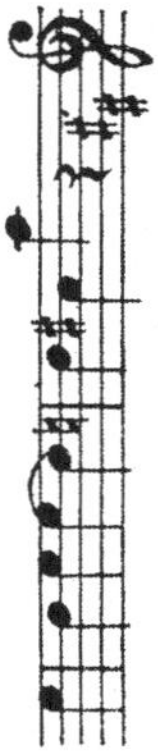

という楽句に「始まり」という語をつけて区別し、その後で、次のように強調して書いておられる。「ここに新しい楽句が必要である。四重奏曲変ホ調を見よ。」［注］

［注］ベートーヴェン作品一二七

その後で「最後に――

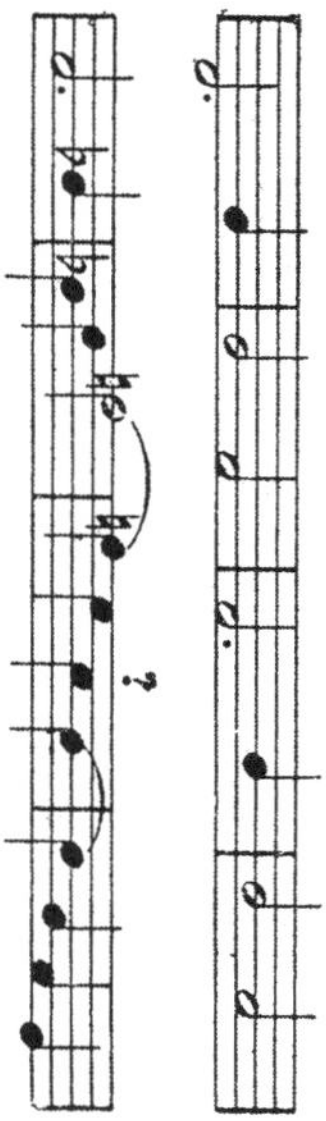

となっている。これによって分かることは、終楽章の覚え書きがスケルツォ楽章の作曲以前に破棄されたことである。なぜなら右の主題が三拍子の形でスケルツォ楽章のトリオ部の主題に用いられているからである。［注］

〔注〕フランク先生はこの四重奏曲の覚え書きを我々の親愛なる、気の毒な相弟子、故エルネスト・ショーソンに与えられた。この覚え書き中の若干の断片をここに掲載できたのは、ショーソン夫人の好意による。

そのすぐ後で、譜表三段にわたって、次の注意書きがある。「第二段の中程もしくは終わり頃、さもなければ終楽章の最初の部分が再現する前に、アンダンテ楽章を想起する部分を入れよ」。そしてこの文句の後にこの想起部が書かれている。最後に主題がいくつもずらりと並び、その各々に疑問符が付いている。そして先生が結局終楽章の第一主題と定められたものが、これらの主題の中に混ざっている。そういうわけで覚え書きのこの二頁を研究することは、フランク先生の作曲法を知りたいと思うすべての人にとって有益である。ここに見られる先生の作曲法は、ベートーヴェンの覚書帳の中に示されている方法とほとんど同一のものである。

以上は終楽章の覚え書きに関してであるが、今度は終楽章そのものに立ち戻って論ずることとする。この楽章の著しい特徴としては、二つの中心楽想がいわば第一楽章ですでに用いられた楽句や旋律から流れ出したもののような趣を呈していることである。しかしこれらの楽想は、ここでは新しい精神で全く異なった様相のもとに提示される。

次の旋律の中に私たちは、かのリート形式の萌芽的楽句（主題X）を容易に認めるであろう。

この旋律がこの楽章の第一主題としてヴィオラによって奏される。これに対して第二主題は三つの楽句からなり、その点ではベートーヴェンの第二主題に似ている。その最初の部分に含まれているこの主題の主要素

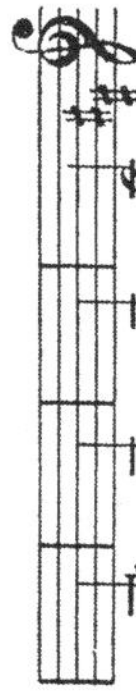

は第一楽章中のアレグロのソナタ形式の付随動機（C）

から取ったものである。

第二主題の二つの楽句

および

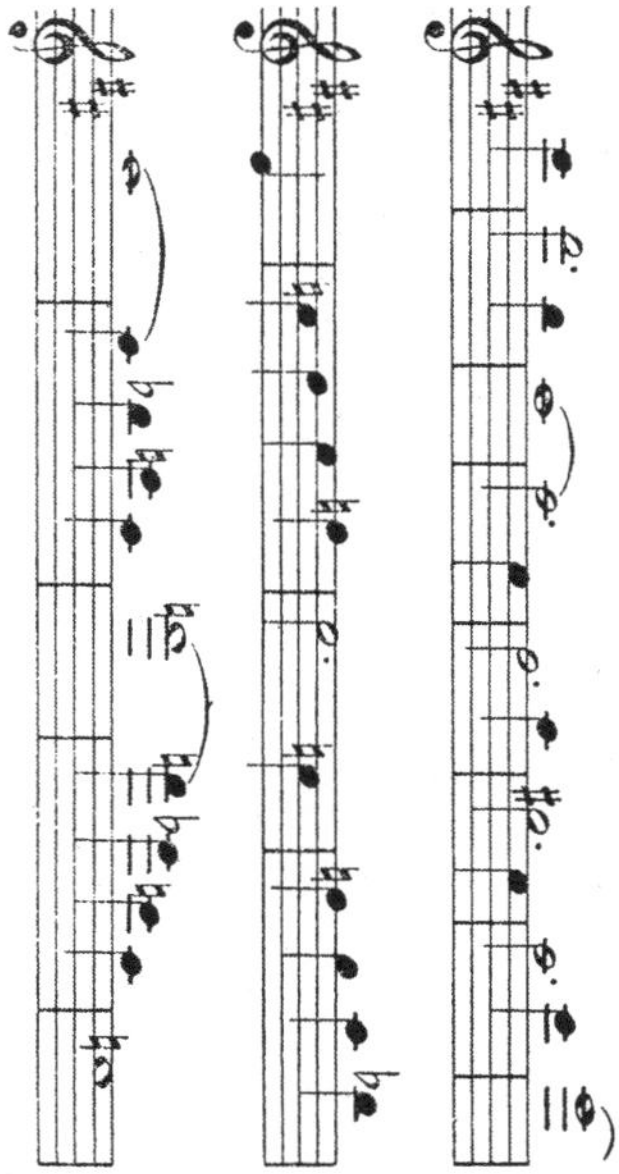

は終楽章特有のものであるが、その最初のものの旋律には幾分第一楽章に似通ったものを認めることができる。

展開部は驚くほど多様な調性の色合いの変化を示す。嬰ハ（変ニ）長調から嬰へおよび嬰ニ（変ホ）調に移った後一瞬、中間調の変ロ長調、さらにニ短調およびニ長調にしばらく休らう。その後曲は進行して再現部に達するが、この再現部はその最後の展開までは古典的手法を用いる。しかし最後の展開の中頃で、それまでのスケルツォ楽章の執拗な律動が止んでラルゲット楽章の輝かしい旋律が想起され、それがいまや拡大した形で現れる。そしてほとんど宗教的厳粛さを持つ精神でこの壮麗な作品を終わらせる。

この四重奏曲は真に稀に見る美しい作品である。

八　三つの「オルガンコラール」[注]

[注] フランク先生はこれら三つの「オルガンコラール」を、Ａｌ・ギルマン、Ｔｈ・デュボワ、およびＥ・ジグーの三氏に献じられた。この曲の出版されたものにはほかの名前を載せているが、それは誤りである。

私はこれらの「コラール」を、前述の「四重奏曲」ほど長々と扱うつもりはない。ただ私は偉大なベートーヴェンの変奏曲形式を大事に受け継いで、これにさらにいっそうの輝きを与えた人はおそらくフランク先生だけであると本書のはじめの方で述べたが、これに対して今ここで「コラールホ長調」を分析して右のことが真であることを証明したいと思う。

今日では、すべての人がバッハの受難曲やカンタータを耳にする機会がある。私たちが注意してこれらを聴きさえすれば、どういうものがコラールの主題となっているかは嫌でも分かる。コラールでは一連の短い楽句がそれぞれ休止で区切って提示される。そしてその全体が一つの完全にまとまった旋律となっている。この形式はグレゴリオ聖歌によって生み出されたものであって、その時代にはこの形式が発展して自由な旋律をとっていた。ところがいわゆる文芸復興期となると、これが新教の宗教改革期の典型的な合唱音楽となった。元来グレゴリオ聖歌は自由な闊達な旋律を持っていた。ところがこの形式はいまや和声上の型にはめられ、その美的価値は実に著しく失われることとなった。

このようにしてコラールはまもなく単なる歌曲となってしまった。ところがそれがJ・Sバッハによって音楽形式上から新たな生命を与えられた。すなわちバッハは旧教のオルガニストたちの方法を再び取り上げてこれを高め、彼の優れた能力にふさわしいものを作り上げ、オルガンのために新しい種類のコラール変奏曲を創造した。この発見は当然実を結んで良いはずのものであった。ところがそれにもかかわらず、これを活用することができたのはおそらくベートーヴェンとフランク先生以外にはなかったのである。

先生の最初のオルガンコラールは「コラールホ長調」である。この曲には次のような特徴がある。すなわち本来の主題は最初提示部全体の付属部分として示される。そして提示部全体も同様に一つのコラールの形を取っている。右に言った主題は、提示部では単に全体のコーダの役割を果たすだけである。

そういうわけでこの作品の提示部では、一つの歌曲が七つの転調段階を通って示される。そしてその中の第六段階でホ長調に戻ってその調に落ち着き、さらに第七段階でこの歌曲が完成する。この第七段階は最初の提示部では単に添え物の観があるが、次の変奏部では次第にその支配的な性格を表し、ついに全てを圧倒してしまう。

読者諸君が楽譜の助けによってこの曲の分析を理解されるように、私はこれらの七つの段階

のそれぞれの書き出しを引用することとする。

この見事な提示部に第一変奏部が続く。ここでは右に述べた諸楽句は断片的に再現する。すなわち第二、第四および第六段階は省略され、ただ奇数番目の段階だけが取り上げられる。これに対し第七段階はそれが単なるコーダ以上の重要さを持つものであることをここですでに示す。

第二変奏部は主題の説明であるというよりは、むしろ（ベートーヴェンに倣って）それから和声的に溢れ出たものである。そうはいうものの、この変奏部は第一および第四段階をきわめて明瞭に展開させる。しかしまもなく、第七段階だけがこの変奏部全体に広がってこれを進めていく。そしてそれまでは、ほかの諸段階が第七段階を暗闇に閉じ込めておいたのであるが、その後第三変奏部は第七段階をその暗闇から無理やりに引きずり出す。このようにして第七段階は徐々に高まり、最後の爆発点に到達する。そこでは第七段階がついに再び元の調でオルガンの全音栓を用い、ほかの諸段階を圧倒して勝ち誇り、喜ばしげな終結部を持つ。

フランク「お父さん」は、この曲のこの勝ち誇る感情を説明しようとして、よく次のように私たちに言われた。「いまに本当のコラールを見せてやるよ。それは単なるコラールではなくて、コラールから発展して出てくるものなんだ」。しかし私たちはその当時まだこの作品に接していなかったので、先生の言われる意味を理解できなかったのであった。

ほかの二つのコラール「ロ短調」および「イ短調」も同じく大変奏曲の形式で構想されており、等しく立派な作品である。しかしこの二つの分析までしていたのでは、読者にあまりにも迷惑をかけ過ぎることになろう。それに先生の手法を示すのには、第一のものだけで十分である。「交響曲九番」の作曲者たるベートーヴェンの後期の全作品には、ふえんの原理が著しく見られるのであるが、フランク先生はこの原理を（模倣ではなくて）同化されたのであって、そのことが最初の「コラール」だけ見れば十分わかるのである。

九「至福」

オラトリオという作曲形式の運命は実に数奇なものがあり、これは特に取り上げて研究する価値が十分にある。なぜならこの形式が通ってきた変形の過程は、全芸術史中でもこの上なく珍しいものだからである。

オラトリオは最初は宗教歌劇の一種として出発した。しかしまもなくこれは純粋に叙情的なものとなり、次いでカンタータの様式を採用するに及んでこれは交響曲形式に近いものになった。ところが現代の動揺期にはすべてが一時的なものとなり、信仰は不信仰の攻撃を受けて、もはや芸術の中にその自然な表現を見出すことができなくなった。したがってオラトリオはいつの間にか叙事詩の代わりをするようになった。この叙事詩という文学形態は、今では全然廃れたのであるが、いまやオラトリオがこれを継ぐものとなっている。

叙事詩は我々がほとんど迷信的な畏敬の念をもって仰ぐ詩的金字塔であるが、その数は数えるほどしかない。これは歴史上まれにしか現れず、ただ過渡期の特異な環境のもとにばかり生まれ出たものである。すなわち一つの確立した生活様式から別の生活様式に移り変わって、新しい芸術と新しい社会とが生まれようとする、その変遷を示すものが叙事詩だったのであって、このことは長い間変わらなかった。

一つの国民とその文化とはその揺籃期にはいつも純然たる宗教的、神権政治的勢力によって保護されている。しかしその後には必ず闘争の時代が続く。それは古代では英雄の闘争であり、中世では騎士の闘争であった。この闘争の時代が過ぎると、その次に来る時期では人間個人個人が社会で最も尊重されるようになる。そしてさらに新しい周期が巡って来ると、以前の状態が再び現れるのである。

叙事詩は文学上の不思議な蓮の花であるが、この花が咲くのはいつかと言えば、それはいつも不安と、大戦争と、内乱と、崇高な行為と、極悪な犯罪とが見られる時期である。

このようにして生まれ出たものがホメロスの二大叙事詩であり、「アエネイス」であり、また「神曲」である。ホメロスの叙事詩はギリシア文化の揺籃期にギリシアの言語とその神話を定めたものである。また「アエネイス」は二つの時期の境目に咲き出た百合の花である。当時は一方異教世界で懐疑が最も進んだ段階にあり、他方熱烈な信仰の衝動が全基督教文化の地盤となろうとしていた。さらに「神曲」について言えば、その「神」という修飾語は実に適切である。当時、全イタリアは内乱で二つに割れ、その争いがますます激しさを加えていた。この作品はその真っ最中にできたものでありながら、しかも平和の精神に満ち、当時の全学問と全信仰とがこの中に凝縮している。そして、当時のこの溢れる信仰から豊かに生じたものが十字軍なのであった。

ところが同じ叙事詩でも環境から遊離しているものや、不利な時期に書かれたものは、その意義の一部を失ってしまう。そういう叙事詩には「ファルサリア」［注一］や「失楽園」や「救世主」［注二］などがある。これらはなるほど巧みな韻律を具え、見かけは堂々としているが、それにもかかわらずこれらは依然として不自然な作品である。なぜならそれらは、必要な普遍的な待望の作品ではないからである。

［注一］ルカヌス作
［注二］クロプシュトック作

元来、叙事詩は単純な信仰に基づく作品でなければならない。ところが現代では人心があらゆる意味であまりに落ち着きがなく、動揺極まりない。そのため本来の文学としての叙事詩の創作は、現代では不適当になってきている。詩歌には母音だけ押韻するものもあれば、また子音まで押韻するものもあるが、そのどちらであっても、とにかく韻律を具えた漠然とした詩歌ではもはや人々の興味を喚起するに十分ではなく、それだけではすべての人に作者の高遠な思想を伝えることはできない。その内容をほかに伝えるためには、いまや新しい知的要素が必要である。この要素は神秘的な、半ば神聖な力を持ち、さほど古びていない要素である。いったい人間の心の奥底には常に夢と理想とに対する憧れがあって、唯物論者たちがこれを根こそぎにしようと努力してもそれは不可能なのであるが、右に述べた新しい要素は表現力に富み、この憧れを表すのにふさわしいのである。

このように叙事詩に生命を吹き込む要素は音楽である。十九世紀にはベートーヴェンからシューマン、ベルリオーズ、ワーグナーを経てフランク先生にいたるまでの間に、まさに音楽上の叙事詩とも言うべき幾多の世俗的ないし宗教的作品が作られた。

かの「荘厳ミサ曲」もその一つである。九つの交響曲を作曲したベートーヴェンはこのミサ曲を作り、その中でキリストの生涯とその崇高な教義を述べ、さらに現代人の夢である平和について語り、人と人とが兄弟となる日を渇望している。さらにシューマンは「ファウスト」において、ゲーテの同じ題名の偉大な詩をふえんし、またベルリオーズは「ファウストの劫罰」において、同じゲーテの傑作をフランス的精神によって自分のものにしようと努力している。この二つはなるほど完全な叙事詩とは言えないであろうが、しかしその内容は明らかに叙事詩的である。またワーグナーは北欧人が信じた神話と象徴とを再現して四部作を創り、音楽の世界に大きな貢献をしたのであるが、これまた一つの叙事詩である。それはちょうど昔ホメロスが地中海沿岸の伝説を集約したのと同様である。そして最後に現れたのが「至福」の叙事詩である。この中でフランク「お父さん」は、愛なる神が人間の運命に働きかけるその慈悲の表れを、ほとんど素朴ともいうべき手法で叙述しておられるのである。

昔、叙事詩を構成する上で必要とされた条件がいくつかあった。それらの条件とは、主題がまとまっていること、崇高であること、完全であること、興味があること、および詩人と環境が一致していることであるが、「至福」はこれらの条件を全部満たしている。先生は不信仰によって損なわれつつある時代に、信仰による一作品を創作されたのである。ここで先生が述べておられることは、すべて先生が自分で固く信じておられることである。そして先生はその音楽的雄弁によって懐疑主義者をさえも威服せしめておられる。なぜなら音楽は韻文詩ほど明確ではないが、しかし人の心を捉える点ではそれ以上に普遍的だからである。そういうわけで「至福」は十九世紀末における待望の作品である。もちろんこの傑作にも少し短所があるけれども、それは仕方がない。かの優れたホメロスの作品中にも、ときには退屈な箇所があるのである。しかしそれにもかかわらず、「至福」は信仰と音楽との伝統を土台として、その上に揺るぎなく建てられた優れた大伽藍である。それはこの世の喧騒を下に、熱烈な祈りのごとく天に向かっていつまでも聳《そび》え立つのである。

「至福」が現れるまでには、その作者の生涯中で非常に長い準備期間があった。しかし記念すべき偉大な芸術作品はほとんど全部そうである。例えばダンテの「新生」の中に私たちは「神曲」の先触れをいくつか見ることができる。またベートーヴェンが一八〇四年に書き留めた一つの簡単なリートの覚え書きの中に、私たちは後年の「交響曲第九番」の独特な主題の輪郭を認めて驚く。

「至福」は一生涯絶えず先生の胸中に存在していた。したがってそれは先生の全発展を含む作品である。

先生が「自分はもう演奏家でなくて作曲家なのだ」と自覚されたのはまだ若い頃のことであったが、先生はすでにそのときから山上の垂訓を音楽化することを思い立たれたのであった。この山上の垂訓は美しい思想詩であって、これは未来に与えられるべき至福を約束する言葉である。先生は基督教徒で強い単純な信仰を抱いておられたのであるから、先生がこの言葉に心を惹かれられたのは誠に当然なことである。ここではキリストは群衆に交わって彼らに正義とやわらぎの言葉を注ぐ。このようにして愛なる神は一つの救いの業によって人類の数々の悩みを癒すのであって、キリストはフランク先生にとっては神の音楽的具象化にほかならなかった。

フランク先生は山上の垂訓のここの聖句を愛し、絶えず繰り返してこれを読まれた。先生が読まれた聖書は先生が学生時代、ある学年の終わりに賞品として貰われたもので、その聖書はフランク家に保存されている。山上の垂訓の聖なる祝福の言葉は八節から成っているが、右の聖書中でこの祝福の言葉が記されている頁は、しばしば愛読されたため擦り切れている。その上、これらのキリストの一つ一つの言葉の欄外に爪の跡がある。この爪跡というのは私たちフランク先生の弟子たちには誠に親しいものである。すなわち先生は私たちが書いた練習作をしらべられて、その良いところや悪いところに印をつけられるにあたって、もし手もとに鉛筆がないと爪跡で下線を施されるのが常だったのである。

ずっと以前、先生がオルガニストになられたばかりの頃に作曲された一つのオルガン曲がある。その原稿は今では紛失しているが、この曲の題が「山上の垂訓」というのであった。同じ標題が「管弦楽のための交響曲」という作品にもつけられている。これは初期の作品であって、リストの交響詩のような形をとっていた。しかしこの曲は発表されなかった。[注]

[注] ジョルジュ・C・フランク氏は、父君のいくつかの未発表の練習曲やその他の作品を蔵されているが、その中にこの「交響曲」の原稿も混ざっている。

先生はこの神聖な詩をその題材にふさわしい音楽に移して、これをふえんしたいといつも考えておられた。しかしそのために必要なのは、韻文化した台本であった。先生はご自身の文学的素養に自信を持っておられなかったので、そのような台本をあえて自分で書こうとはされなかった。また先生は他人の眼からは名も無いオルガニストにすぎなかったので、当時の歌詞作者たちはこのような人のために貴重な時間を割いて台本を書いてやろうとはしなかった。なぜなら書いてやっても、報酬を貰えるあてはほとんどないと思われたからである。しかし、書いてくれなくて実は幸いであった。

ある批評家たちは、知りもしないのにフランク先生を引っ込みがちな近づきにくい禁欲主義者のように言っている。しかし先生は実は友人の招待があれば、喜んで外で食事をされたり、夕刻を外で過ごされたりした。そして一日の激しい仕事の後のくつろぎとして、少数の気の合った人々の家を訪問することを好まれた。そういうわけで、私たちは当時のサン・ルイ高等学校の教授であったドゥニ氏の家庭の団欒に先生が加わっておられるのをよく見かけた。フランク先生はその団欒のうちとけた会話の中で熱心に山上の垂訓を論じられたことがあったが、ドゥニ氏は先生のその熱心さに打たれた。その際、先生は「この構想は自分の頭の中で次第に明確になりつつあり、歌詞さえあればすぐ作曲できるのだ」と語られた。ドゥニ氏はこれを聞いて、フランク先生のために文学上の協力者を世話しようと考えた。そして彼はこのことに骨折ってついに適当な人としてコロン夫人を見つけた。同夫人はヴェルサイユ高等学校の一教授の夫人であった。

この夫人は詩作に長じ、すでにいくつかの詩を発表してある年の芸術院賞を得ていた。フランク先生はこの詩の輪郭については長年構想を練られていた。それで先生はコロン夫人に何回も会ってその輪郭を説明された。同夫人はこの説明に基づいて歌詞を作り、これをフランク先生に提供した。この歌詞は詩として優れたものではないけれども、この音楽を損なうものではなかった。それは専門の歌詞作家に頼んで作ってもらったようなものよりも確かに勝っている。

このようにして先生は、それまで長い間切望しておられた台本をついに手に入れられた。そこで先生はただちに仕事に着手された。しかしそれはなかなか順調にははかどらなかった。先生は何回も修正を加えられた。そして最初のうちは、どういう音楽様式を用いるべきか分からずに暗中模索されているようであった。このような模索的な動きは、今でも、特にこの曲の第一歌に認められる。

しかしプロローグはわりに容易であった。そして一八七〇年の秋には最初の二歌の覚え書きが出来上がった。しかし一八七一年の冬には、まだ全フランス国民が苦悩で胸を締めつけられていたので、フランク先生は新しいものを作曲されるだけの心の余裕を持たれなかった。そこで先生は余暇を出来上がった部分の管弦楽化にあて、パリの砲撃の只中でこれを完成された。次いで先生は「贖罪」の作曲のため「至福」の方は一時中断されたが、その後先生は再びこの仕事に掛かり、第三歌の「幸いなるかな悲しむ者」を書かれた。この第三歌で全作品の様式の方向がはっきり決まったように見える。その後に正義に対する崇高な讃歌（第四歌）が続いた。これはテノールの独唱にあてられた。この後この仕事は中断されることなく、一八七九年の秋に全曲の完成を見た。このようにして先生は、この記念すべき作品の作曲のために十年を費やされたのである。

この傑作の初演がなされたのは、その完成後長らく経ってからのことであった。すなわちそれは一八九一年の冬、芸術協会によってエドゥアール・コロンヌの指揮のもとに演奏された。これは先生の逝去された一年後のことである。そして前に述べたように、この演奏は音楽家および公衆の眼を新たに開かせるほどの重要性を持っていた。

その後まもなく、「至福」の第二回の演奏が一八九四年四月一日に作曲者の故郷の町であるリエージュでテオドール・ラドゥーの指揮のもとになされた。同じ年にこの作品は六月八日および十二月十八日の二回にわたってユトレヒトで演奏された。またその翌年には、有名な指揮者ヴィオッタ［注］がアムステルダムのコンセルトヘボウ大ホールでこれを上演したが、このときには六百名以上の合唱団が用いられた。

［注］ハーグ音楽院長

一方でそのようなことが行われている間に、パリ音楽院の演奏会協会はこの曲中からたった二つの断片を（しかもきわめておずおずした態度で！）上演することをあえてしただけであった。そしてやっと一九〇四年になって「至福」の全曲が——二回に分けて——この協会によって演奏された。しかしこのときまでにはこの作品は、今更らしくこんなことをして貰わなくても良いほど有名になっていた。

この詩は言うまでもなく八つの部分に分かれ、その前にプロローグがついている。今ここに「部分」と言ったのは、叙事詩の伝統に従えば「歌」と呼ぶべきものである。これらの各歌はめいめいそれだけで一つの短い詩であり、それぞれが二つの対比的な叙述からなる。すなわちまず地上にばっこしている罪悪の数々が提示され、地に住む者たちが悲しみや憤りの情を表す。次いで天来の声が響き、天に住む者たちが「これらの罪悪は償《つぐな》われ癒されるであろう」と告げる。そして、あるいは以上の二つの間に挿入され、あるいはこれらの結論の形をとって、キリストの声が響く。そしてその声は、癒され清められた者たちにどのような至福が待っているかを短い言葉で告知する。したがってこの詩の各歌は、鏡板の上に描かれたいわゆる三枚絵にそっくりである。なぜなら三枚絵ではその両翼の絵が向かい合い、互いに対照をなして補い合い、中央の鏡板にはキリストの輝かしい姿が描かれているからであり、しかもこの中央の絵はいつも同じキリストでありながら、その場合に応じていつも異なったキリストの態度を表すからである。

このオラトリオの各歌ではそれを構成する各部分が相対応し、申し分のない釣り合いを保っているのであるが、この構想はフランク先生自身の考え出されたものである。この事実は何度強調しても強調しすぎることはない。なぜなら当時作曲家は自分で題材を構成しようとせずに、それを全部歌詞作者に任せるのが普通であったから、これは実に著しい事柄なのであった。

実にこの作品ほどフランク先生の特徴をよく表したものはない。この作品で先生は類稀な音楽家として独創的な腕をふるわれた。しかしそれとは別に、私たちは絵画上の隔世遺伝の一種をここに見出す。すなわちフランク先生の先祖の画家たちは、三枚絵の描き方については、芸術的にも、輪郭的にも、驚くほどよく知っていた。そのうえ彼らは建築家の天分をも持っていたので、その天分によってこの三枚絵を一つの充実した力強い構造のものに組み立てた。しかも彼らはその三枚絵の中に「人となった神」の姿を原始基督教徒的な実に単純な信仰をもって描写した。ところがフランク先生は以上のものを本能的にその先祖たちから受け継いで、これを「至福」の中に表されたのである。

私がここで「至福」の中のキリストの姿について詳しく論じようとするのもその訳はほかでもない。これはこの作品の示すキリストの解釈が、それまでの全音楽史を通じていまだかつて構想されたことが全然ないものだからである。複音楽時代およびそれに続く時代の偉大な音楽家たちはあまりにも控えめで、あまりにも敬虔でありすぎた。そのため彼らは神の独り子が血肉を具えた真の人間として現れたり語ったりするさまを描写することを憚《はばか》った。例えばキリストが復活してマグダラのマリアに現れる場面で、マリアはこれを墓守と間違えるのであるが、その際のキリストの言葉は、ちょうど劇的マドリガルの場合のように、合唱によって表現されるのである。[注]

[注]　ハインリッヒ・シュッツ作「復活祭の対話曲」〈Heinrich Schütz, *Dialogo per la Pascua.*〉

その後キリストは、ときどきカンタータやオラトリオに出てくるが、そのキリストはほとんどいつも厳格な新教的性格を保っている。ヘンデルやことにバッハにおいてはキリストは地上から遥か高い王座にいます強い恐るべき崇高な神であって、そこから下界の人類に平和の言葉を語ったり、罪の宣告を下したりするのであるが、しかし卑しいつまらない者たちのために自分を低くするキリストの姿は全然見られない。私たちが福音書のどの頁を見ても、そこに見られるキリストは私たちの近くにおり、私たちと同じ生活をし、私たちの苦しみを負い、父親のような優しさをもって私たちの悲しみを憐れむキリストである。ところがこのようなキリストは、ヘンデルにもバッハにも見出すことができない。さらに下ってベルリオーズになると、まだ幾分かは詩的な特徴を具えてはいるが、しかしここで見られるキリストは伝説的幻想の段階に移ってしまっている。そしてほかの作曲家たちにとっては、キリストはただ単に「立派なナザレ人」にすぎないか、あるいはもっとひどいと、カヴァティーナやアリオーソなどの歌曲を作る単なる口実になっている。もうこうなると、神としてのキリストの姿は全然跡をとどめない。そのためこれらの音楽ではキリストの像が甚だしく損なわれ、因習的で無味乾燥でうんざりさせるようなものとなっている。

フランク先生はわざわざ事を難しくするような真似はされなかった。したがって先生は単に自分で愛し、かつ知るにいたられたキリストの姿をそのまま「至福」の中で私たちに示しておられるだけなのであって、これは先生の単純な基督教信仰から溢れ出たものにほかならない。ところが先生がこの曲でキリストの姿を描写されるにあたって、先生はエルネスト・ルナンの『イエスの生涯』を参考とされたのだ、と断言する人がある。しかし仮にもしそうだったとしても、それは先生がルナンと正反対のことを言われるためだったのである。ともかくルナンという人は非凡な懐疑主義者であるが、このルナンの描いたキリストは矛盾した性格を持っている一個の人間であって、彼は自分を神としようとしたのだというのである。しかしこのようなキリストは、立派な敬虔な音楽家たるフランク先生の抱かれた純粋なキリストの像とは、実際なんら共通点を持たない。なぜならフランク先生のキリストは、人類を慰めかつ救うために人となった神だからである。

音楽的見地から言って、この作品に統一を与えているのは右に述べたキリストの姿あるいはむしろキリストの声である。これが中心であり、主要主題であって、その周囲にこの詩のさまざまの従属的要素が集められている。これらの従属的要素の中のあるものは、あるいは重要であったり、あるいは複雑であったり、またあるいは贅沢な音楽的手法を用いていたりするため、一見それらは必要以上に聴く人の注意を奪うように思われる。しかしそれにもかかわらず、いったんキリストの声が響くと、たとえそれが数小節であってもキリストの聖なる姿が前面に出てきて私たちの魂の奥の奥まで触れ、ほかの全てのものは影を潜めてしまう。先生はキリストを表現するために、真にキリストの本質にふさわしい一つの旋律を見出すことに成功されたのである。すなわちこの旋律は、キリストの本質の音楽的注解である。

この旋律はきわめて単純でありながらきわめて印象的である。したがってそれがプロローグで初めて現れた後は、二度とそれを忘れることはない。これはしかし最後の第八歌になって初めて十分に展開する。そこではこの旋律はこの上なく崇高な霊感に溢れるものとなる。これが大寺院の円天井の下で渦を巻いて立ち昇る香の煙のように繰り広げられるのを聴くとき、実際私たちは神に忠実な者たちと一緒に、自分たちも天上の住家に輝かしい姿で昇っていくような

気がする。

この音楽的叙事詩の詳細な分析を試みることは、この章の範囲を超えることにもなり、しかも読者にとってあまり有益でもなかろう。しかし中には自分で楽譜を研究したいと思う人たちがあろうから、私はその人たちのために、ただこの曲の特徴と隠された基礎とを指摘したいと思う。

まず、プロローグはテノールの叙唱にあてられている。そして慰めを与え、愛を注ぐキリストを具現する楽句（愛の主題）が種々の楽器の音色によって単純に述べられる。このようにしてキリストが予示されるが、しかしキリスト自身はまだ言葉で語ることをしない。

ここでは前述のキリストを表す動機は、後に出てくる場合とは異なって積極的ではなく、かえって表情豊かなシンコペーションを用い、神秘的なためらいの調子を表している（上掲楽譜参照）。

第一歌の「幸いなるかな心の貧しき者、天国はその人のものなり」は、明らかにこの作品中最も力の足りない部分である。その中の第二段は第一段を変化させたものである。この第二段は快楽を追求する人々（合唱第二群）と幻滅を味わった人々（合唱第一群）との二重の感情を表現しようとする（地上の合唱）。この第二段の合唱は真に先生らしい旋律にやや近づき始めているが、それにもかかわらず実はこの合唱はマイアベーア流の歌劇的合唱にほかならないのであって、しかもそれが卑俗な追迫部によって、なおあくどくされている。しかしこの劇場的な部分が終わると、ただちにキリストの声が初めて響く。これは長い旋律の楽句であり、前述の「愛の主題」とは別のものであるが、その気品高い調子は印象的である。この旋律がその後で天上の合唱によって繰り返されふえんされる。

ここで注意すべきは、この第一歌が「贖罪」の第一部と全く同様な構造を持っていることである。最初の合唱はイ短調であって、これは「贖罪」の最初の合唱と数々の共通点を持っている。その上この第一歌では「贖罪」の場合と同じように、地上の描写が終わって天上の描写に移るのに嬰へ長調が用いられる。この調は先生にあってはいつも天国の光明を表現するものなのである。

次に第二歌に移る。ここに名前は思い出せないが、ある批評家が次のような意見を述べている。すなわち「フランクはカノンの使用は巧みであったけれども、滅多にフーガ形式は用いなかった」というのである。しかしオルガン曲中のあるものや有名なピアノのための「前奏曲、コラールとフーガ」などはもちろんのこと、この「至福」がすでにこの批評に対する立派な反駁である。この第二歌（「幸いなるかな柔和なる者、その人は地を受け継ぐ」）もフーガとしか見られない。ここの提示部（地上の合唱）は完全にフーガの規則に適い、

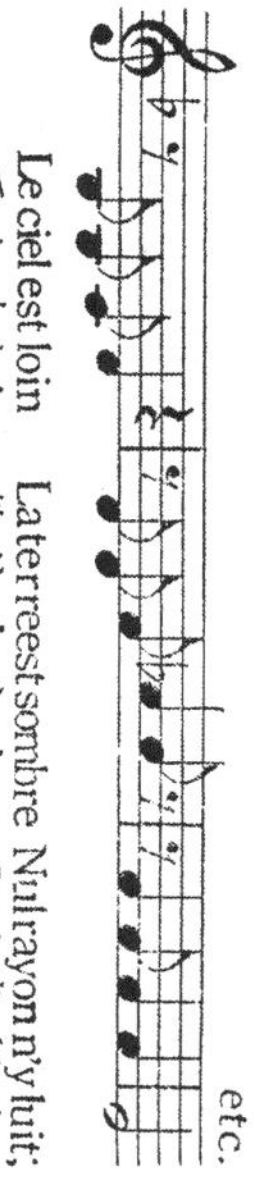
てんとおく　地はくらく　ひかり無し

という主題とその副主題が各声部に次々に現れ、古典的な展開を示す。そしてやがて慰めを与える五重唱（天上の五重唱）がニ長調で現れる。その熱烈な旋律は、ちょうど真の希望の光のように天上から降ってくる趣がある。次いで合唱（天上の合唱）が静かに右の五重唱にまじる。そしてこの部分の印象を完全なものにするために、この上なく優しい半音階的楽句が用いられる。その後、キリストの声が福音書の聖句そのままを誦《しょう》してこの美しい部分を完成させる。

第三歌は「幸いなるかな悲しむ者、その人は慰められん」という悲しみの歌である。ここでは弔いの鐘の音が絶えず響き、その上に一つの主題（地上の合唱）が嬰ヘ短調で提示される。これを中心とするアンダンテの部分が五段に分かれ、陰鬱な調子で悲しみに集中している。しかしこの部分も依然として幾分劇場的な様式を持っている。ところで右の主題が三回（第一段、第三段および第五段で）繰り返される間に挟まれて、（第二段および第四段で）いくつかの楽節がそれぞれ対になって現れ、具体的な悲しみを表現する。すなわち第二段では我が子を喪《うしな》って悲しむ母親と、母を喪った寄る辺ない孤児、および夫を喪った妻と、妻を喪った夫が現れる。その後（第四段で）自由を嘆き求める奴隷が出てくる（ここにもまたフーガの例がある）。そ

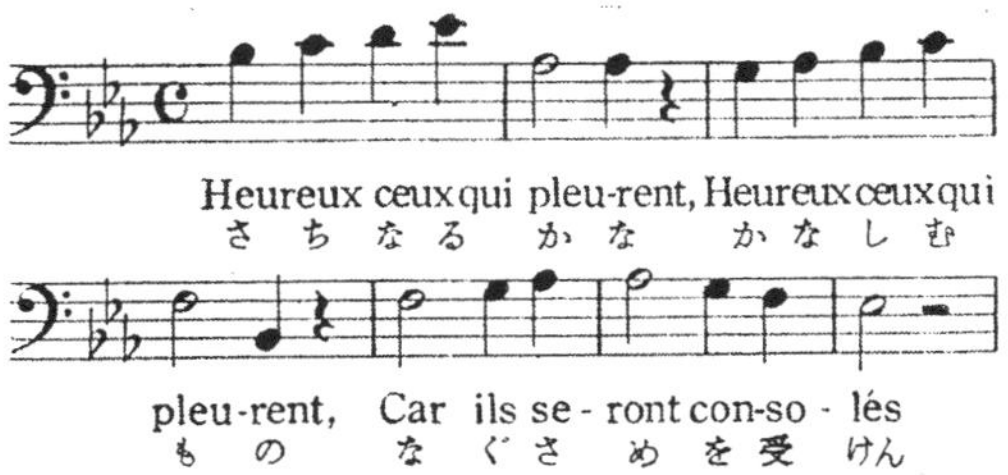
Heureux ceux qui pleu-rent, Heureux ceux qui
さ ち な る か な か な し む
pleu-rent, Car ils se - ront con-so - lés
も の な ぐ さ め を 受 け ん

れに続いて哲学者たちが自分たちの懐疑と空虚な研究とについて語る。その際に以前ニ短調で響いた奴隷の主題が、いまやニ長調に転調されて用いられる。それはあたかもフランク先生が、一種の単純な皮肉の気持ちから哲学と奴隷状態とを結び付けようとされたかのごとくである。しかし（第五段で）苦痛の叫びが最後に一声響いた後、突然変化が起こり、嬰ヘ短調から変ホ長調へ新たに転調されて愛の主題が再び出てくる。そしてここで初めてキリストの声がこの主題を歌う。ここではこの主題はもはやプロローグで見たようなためらいがちな断片的なものではなく、その反対に肯定的で確信に満ちている。そしてこのキリストの声は不幸な悩む人々が待ち望んでいた愛を啓示する（上掲楽譜参照）。それから前にこの第三歌の前半で「地上の合唱」が歌った悲しみの旋律が、いまや姿を変えて「天上の合唱」によって歌われて、慰めの主題の性格を帯びる。そしてキリストの言葉を運んできた神秘的な微風は、やがて遠くに消え去り、すべては穏やかな静けさの中に終わる。これは実に美しい曲である。

第四歌（「幸いなるかな義に飢え渇く者、その人は満たされる」）においてはフランク先生の才能が十分に示され、ここには一つの欠点も見出されない。この曲に接して、私たちはただただ感嘆するばかりである。

ここでは管弦楽がこの第四歌の基礎となる二つの中心思想を提示する。すなわち、

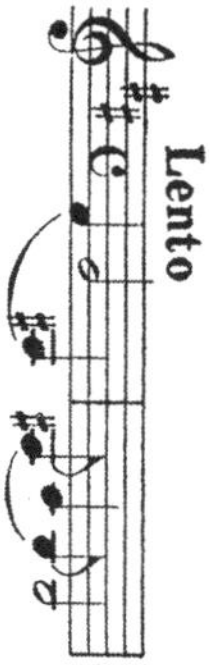

という願望の要素と

という信頼の要素である。この第二の信頼の旋律は上昇線をたどって第一の旋律と共々に展開され、最後にはっきりとト長調に落ち着く。それからテノールが歌い出す。この歌はこの調の第三度の和音の上に立ち、最初のロ短調の感じを留める。そしてそれまで管弦楽が朗々たる響きの中に暗示したところのものをいまや言葉で宣言する。この楽句は真に旋律的な楽句である。そしてこれが発展し、次第に熱烈になり、ついに爆発して、予定したロ長調の調子で祈りの主題に移る。ここから先は願望が鎮まり、信頼の感情だけが残る。すなわちこれは「聞かれた祈り」の主題である。この主題と結びついてキリストの声が再び現れ、「求めよ、さらば与えられん」の古い約束を肯定する。この声は待望のロ長調で迸《ほとばし》り出る。

第五歌（「幸いなるかな憐みある者、その人は憐みを受けん」）ではまず「贖罪」の場合と同様、人類の中に罪悪と暴虐とが蔓延《はびこ》るさまを示す。キリストは不敬虔な世界からその顔を背ける。ここで先生が用いておられる手法は、わが国のゴシック式の大寺院で神秘的彫刻家たちが好んで使用した手法である。すなわちそれは愛の主題を倒置して用いていることである。そしてこのことによって、この主題は悲しみと悩みとの奇妙な様相を呈する（上掲楽譜参照）。

テノール独唱が右の有り様を叙述した後、反逆者たち（地上の合唱）が復讐の念に満ちて激しく歌い出す。これは少々不自然な芝居じみた騒がしい歌である。そしてその中でユダヤ人作曲家の歌劇の習慣に従って追迫部が書かれているのであるが、この追迫部にいたってもこの合唱は一向によくならない。あたかも次に続く部分の美しさを増すために、この劣った合唱をわざとこの場所に置いたのかと思われるぐらいである。しかしそのようなやり方は全然フランク先生の性格に反する。先生は失敗するときでもいつも誠実さを失われない。だからわざと右のような効果を狙うことなどは、全然先生の念頭に浮かぶわけはなかった。かえって先生が復讐の念を表現するのに陳腐な楽句しか用いられることができなかったのは、復讐の念などというものが先生の性格にとってはきわめて疎遠なものであったからである。先生はそういう感情を音楽に表現するだけの目的で、これを単に想像の上で心に抱くということさえお出来にならなかったのである。しかし右の騒ぎが終わると再び静かになり、キリストの声が聞こえる。そしてこの無益な憎悪を戒める。次いで「同胞を赦せ」の言葉で一筋の日光が雲間を破って差し込み、愛の主題がニ長調で再び光明をもたらす。これは第五歌の最後の調である。ここで天上の合唱がキリストの輝かしい言葉をふえんするのであるが、その最後の楽句は言いようもなく甘美である。この楽句は「贖罪」の中で天使の歌う旋律と似通っているが、しかし芸術的見地からはさらに優れている。

「至福」の第六歌は清らかな歌で「幸いなるかな心の清き者、その人は神を見ん」の聖句が中心となる。この部分ではフランク先生の高潔な魂がその本領を発揮する。この中であまり面白くない箇所がほんの少しばかりある。しかしそれを別にすれば、真に芸術的精神を持っている人なら、この「至福」第六歌に接して絶えることない、しかもますます増し加わる感嘆の念を抱くに相違ない。

ここでは異教の女たちとユダヤの女たちとが、それぞれの神に捨てられたことを嘆き悲しんでおのおの柔らかい歌を歌う。この二つの歌の主題はそれぞれ変ロ短調および変ニ長調という二つの異なった調を持っているにもかかわらず、無理なく結合、融合している。それからパリサイ人たちの四重唱がある。この四重唱はおそらく少しばかり力が入りすぎている。これはその精神からはハインリヒ・シュッツの「パリサイ人と取税人との対話」に幾分似通っている。このパリサイ人たちは一連の空しい自己弁護を始める。しかしそれは幸いにも「死の天使」の短い叙唱によって中断される。この死の天使は偽善者たちと忠実な者たちとを神の裁きの座の前に呼び出すのである。

次いで天の門がさっと開かれ、燦然と輝く嬰ヘ長調で天使の群れが妙なる旋律を歌う声が聞こえる（天上の合唱）。この旋律の中でフランク先生の純潔な心が十二分に己を表現している。この合唱は、

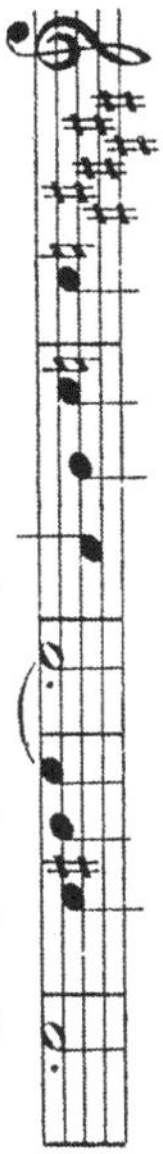

という絶妙な終止形で終わるが、これは愛の主題の展開したものにほかならない。そして直ちにキリストの声が続いて「幸いなるかな心の清き者」と福音書の言葉そのままを語る。それに対して天上の合唱の各声部が一続きの短い注釈を施す。それはあたかもリッピやフラ・アンジェリコの描いた天国の絵に見られる花飾りと同じ趣を示している。次いでキリストが「幸いなるかな……」ともう一度慰めの言葉を宣べるのであるが、この言葉はいまやニ長調の断固たる調性を持っているのであって、それは彼の栄光の最後の迸りである。それからイ音を嬰イ音

に上げただけで、私たちはまた嬰へ長調に連れ戻される。そして天上の合唱がこの調の輝きを十分に発揮してこの歌を終える。

思うに、芸術的純粋さを表したものとしてこの第六歌は記念すべき作品である。この曲は決して廃れることはあり得ない。これは愛慕するに値する絶えることない驚嘆の的として残るであろう。

しかし右のような高い境地に留まることは困難である。そのため「至福」第七歌「幸いなるかな平和ならしむる者、その人は神の子と称えられん」の部分になると、私たちは地上に降りてしまう。いや、地上どころか地下にまで堕ちるのである。この歌では悪魔が幾分常套的な手段で描かれる。そしてこの悪魔は私たちを底なき穴に引きずり込もうとする。

この悪魔とは理想的な悪（こういう表現が許されるかどうか知らないが）の人格化であるが、これはフランク先生の性質とは全く疎遠な観念であるため、先生はこれを十分に表現されることに一度も成功されなかった。フランク先生が

C'est moi l'esprit du mal qui suis roi de la ter-re
われはあしき地のおうなるぞ

と、第七歌の冒頭の歌を歌われるとき、先生はできるだけ恐ろしい様子をし、渋面を作り、口

を歪め、妙な声を出されたが、これを見て私たちは身震いするどころか、かえって微笑んでしまうのであった。私はその先生の様子を決して忘れることはできない。

気の毒な愛する先生！　先生はいつもはただ善のためにばかり生き、かつ働いておられたのに、ここでもその誠実な態度を変えることなく本気に一瞬だけ「悪霊」になろうとされた。ここで表現せねばならぬ感情は、先生がご自分では全くうわべだけしか感じられなかったため、先生はこの感情を自分自身の中から引き出されることができず、したがって最も劣った折衷主義者たちの手法を借りてこられたのであった。そういうわけで先生は、ここでは第一歌および第五歌以上にマイアベーアに拠っておられる。

その追迫部、

「いまや　我らの
仇《あだ》をば　かえさん」

の部分はマイアベーアの「悪魔のロベール」の改訂版か何かに出てきそうなところである。

最後にキリストがこの場面に現れ、悪魔が投げ下される。そして救世主の叙唱「幸いなるかな」が静かな変ロ長調で歌われる。その前に短調の色々な調で狂乱と怒号が重ねられた後なので、この救世主の歌は聴く者の心を爽やかにする甘美な響きを持っている。その後、変ニ調で「和らぐ者たちの五重唱」が美しく歌われて第七歌が終わるのであるが、この五重唱の途中で右に述べた変ロ長調の優しい色合いが実に巧みに再現する。すなわちこの変ロ長調は「主のわざをなさん」のところで確立される。そして暗黒の王悪魔を表したハ短調に対立する。

次に述べることは私が本書ですでに何回か述べた事柄であるが、ここで最後にもう一度このことに注意を促したいと思う。それはベートーヴェンが私たちに残した遺産のことである。このベートーヴェンの遺産を取り上げて集め、これからさらに豊かな結果をもたらした人は、フランク先生の時代にはほとんど先生ただ一人であった。そして先生は「至福」の中で、先生のほかのどの作品よりも多くのフーガ形式および変奏曲形式を用いておられる。その中、フーガ形式は第二歌および第三歌に見られ、ことに第三歌においてはそれが十分に展開されている。そのほかにもこれほど著しくはないが、いくつかの例がある。他方、最も優れた変奏曲形式がこの作品のどの頁にも出てくる。すなわちキリストの「愛の主題」が種々な形で現れるのがそうである。また事実上、第一歌の全体がこの変奏曲形式によっている。さらにまた、第三歌のように人間の苦悩の主題がさらに天使によって理想化されて現れる場合にも、この変奏曲形式が用いられている。この変奏曲の組織はベートーヴェンの後期の四重奏曲から直接出てきたものであって、ワーグナーのライトモティーフとはなんらの共通点を持っていない。なぜならワーグナーのライトモティーフは変形によるものではなく、かえって主題の展開による。それは戯曲においてその真の適用が見られるのであって、フランク先生の音楽詩のように、ほとんど交響楽的に構想された作品でこれを用いることができない。

私たちはいまや「至福」の絶頂部たる第八歌に到達する。この第八歌はそれまでの七歌全部を総括するものであり、また音楽史上稀に見る傑作である。あたかもフランク「お父さん」は迫害の時代を予見して、古《いにしえ》の叙事詩の詩人預言者のようにこの傑作を正義のために苦しまねばならぬ人々に対する慰めとして書き、その人々の眼を上に向けさせて平和と真実とが永遠に支配する国を望ませようとされたかのごとくである。

「幸いなるかな義のために迫害される者、天国はその人のものなり」

この部分では悪魔がまた現れる。この悪の霊は傲慢でありながら、しかも不安にさいなまれ、キリストに愛の勝利の空しさを証明しようと試みる。ここで描かれている悪魔の姿は申し分ないものである。なぜならここでは悪魔がほとんど人間的な個性を持っているからである。この悪魔はもはや安っぽい金ぴかの飾りをつけた、ありきたりの劇場的な悪魔ではない。ここで見る悪魔は敗北によって自分の誇りを傷つけられ、征服者の玉座の前に自分の憎悪を吐きかける人間である。この感情はもはや一般的なものでも抽象的なものでもなく、かえって具体的な衝動の表れである。フランク先生はこれを挑戦的態度の迸り出たものとして、見事に表現しておられる。

しかしキリストはこの悪魔の挑戦に対して答えることを潔しとしない。その代わりに義人たちが迫害されながら、しかも来たらんとする正義に信頼をかけ「主のため死ぬるは楽しからずや」と歌う声が聞こえてくる（義人たちの合唱）。この美しい旋律はホ長調で歌われるのであるが、この旋律と悪魔の挑戦の暗鬱な色合いとの間の対比は著しいものがある。

憎悪の霊はいまや転じて己に手向かう人間たちに呼びかけ、彼らをこの上なく恐ろしい呵責に堕とすと宣告する。しかし義人たちはこの悪魔の脅迫にあっても驚かず、なおいっそうの信頼の態度で永遠の神に祈る。悪魔は狼狽して、さらに激しい侮辱の言葉で答える。すると義人たちの合唱は三度目の祈りを捧げる。その祈りは最初のうちは幾分苦痛を伴っているが、そのうちに間もなく全く穏やかになり、快い転調が私たちをホ長調に連れ戻し、揺るがぬ信仰の復帰を強調する。

次いで全てがもう一度暗くなる。しかしそれはヘ短調の穏やかな色合いを持っている。そして「悲しめる聖母」マリアが崇高なアリオーソを歌う。この歌はバッハの「受難曲」にいくつか出てくるアリオーソと比肩できるものである。この歌の中でマリアは犠牲の精神を象徴する。そして「我が子を世のために今ぞわれ献ぐ」のところでヘ長調がこの曲中初めて確立する。

このようにして悪魔は無力となり外の暗闇に退却する。そしてキリストが勝利を得、世界の上に君臨し、義人たちと選ばれた者たちとの全ての群を召し集める。

「来たれや、父の愛で給う者よ、我に来たれ！」

ここで、今までしばしば挿入的に現れた二長調がいまや決定的な調となり、あたかも新しい光が復活した人類の上に射すかのような趣を示す。そしてキリストの声が待望の愛の救いの歌をついに歌う。「愛の主題」はこれまできわめて多くの断片的な楽句の中でばらばらに分かれて実にしばしば出てきたのであるが、いまや一つの完全な旋律となる。そして管弦楽がこれを今までよりももっと厳粛に取り扱う。それから天上の合唱が長い静かなホサナを歌う。

この崇高な終末部の中にはただの一小節も拙い部分はなく、ただの一音符も適切でないものはなく、またこの中の転調でこの劇的内容から見て説明がつかない妥当でないものは一つもない。

これが真の芸術というものである。今後といえどもこの輝かしい美が色褪せることはあり得ない。

結論として言えば「至福」は天才の最も優れた最も永続的な表れの一つであり、一つの調和のとれた統一体の上昇的前進である。私は歴史家の立場を取って、この作品の持つ欠点をあまり良心的に強調しすぎたかもしれない。しかし音楽芸術の発展の上から見て、このような偉大な音楽的叙事詩が現れたのは、疑いもなく実に久方ぶりである。そしてこれは私だけの意見ではなく、ある真面目な批評家も次のように述べている。［注］

［注］ルネ・ドゥ・レシ、一八九四年「青色評論」〈*La Revue bleue*〉所載。

「この作品は単にベートーヴェンの時代以後に作られた曲の中で最も大規模なものの一つであるばかりでなく、また現代のほかのどの作品をも凌駕していると私は思う。もっと完全な作品ならほかにもあるかもしれない。しかしその芸術的感興において、このように高遠な持続的なものはほかに例を知らない。ここに私たちは崇高なものの輝きを見出すのである。そして驚嘆すべきことは、このことがなんらほかからの助けによらず、単に一つの無比な感情の力によって――すなわち宗教的感情の溢れ出ることによってなされていることである。」

本当に私たちの尊敬する先生は、エマニュエル・シャブリエが先生の埋葬式の際に言ったとおり「よくなさった」のである。先生はその在世中、至福の光栄についてこれほど立派に歌われたのであるが、死後の新しい生において先生が永遠の義の神に許されて、その至福の中にご自身で入られたことは誰も疑うことができない。

第三部　教師としての先生

一　フランク「お父さん」

一つの芸術を効果的に人に教えるためには、教師はまずその芸術の技術面を知り、次にその芸術面を知り、最後にその教師が教えようとする生徒を知らねばならない。

技術と芸術とはよく混同されるが、しかしこの二つははっきり異なる別々の研究部門である。そして教師たるものが、まず自分で技術面と芸術面とのいずれにも通暁していなければいけないのは分かり切ったことであろう。しかしながら実際上の問題としては、そのような分かり切ったことを取りたてて言わねばならないのも訳がある。なぜならフランスやドイツの（ただし、イタリアはこの見地から考えるわけにはいかない）教育機関の作曲学の教授で、自分が教えるべき音楽の芸術面を熟知している人はきわめて少ないからである。正直のところ、そういう教授たちはただ長年教えているというだけで、教えるべき内容は何も分かっていない。

私の時代にはパリ音楽院の作曲学の教師で、作曲の技術面すら十分に理解せず、ましてこれを他人に伝えることなどは全然できない人たちがあった。

ところで個々の生徒を知るということに関してであるが、我がフランスの全教育制度は画一主義という誤った原理に基づいている。したがって我が国の音楽の教授たちが、ほかの分野に倣《なら》って、どの生徒にも全く同一のつまらない事柄を注入することしかしないのも驚くには当たらない。しかし生徒というものは、ある場合には互いに非常に違ったところを持っている。ある生徒にとってある糧が有益であるか、あるいは少なくとも無害であっても、その同じ糧がほかの生徒にとっては有害なことがある。だからこういう生徒にこの糧を与える際には、解毒剤を一緒に飲ませるか、あるいは然るべき説明を施す必要がある。ところが右の教授たちはそういうことを全然知らない。また劣った生徒にとっては必要な規則も優秀な生徒には耐えられないものとなる場合がある。そのような生徒はその束縛に耐えかねて解放を求めるにいたる。ところがそういう解放は危険であるか、少なくとも早すぎるのであるが、これらのことを右の教授たちはわきまえないのである。

フランク先生が音楽上の技術をいかに巧みに用いられたか、またその芸術をいかに自分のものとして表現されたかについては、今また詳しく述べる必要はない。しかし先生が個々の生徒を理解しておられたことは、ぜひともはっきり示さねばならない。これは教師としては実に大切な能力であるにもかかわらず、先生の時代にはほとんどの作曲の教授にも欠けていたことであった。

フランク先生がこの特別の能力を持っておられることを自覚しておられたかというに、これは疑問である。むしろ私たちはこう言って差し支えないであろう。すなわち先生は物事の真相を洞察する「哲学者」であられながら、しかも自分ではそのことに気付かれなかったのである。先生は無意識に（その理由は後で述べるが）弟子たちの心理をよく観察し、めいめいの弟子の性質に応じてその弟子をどの方向に向けたら良いか、どういう教材を与えるのが最も適しているかを知っておられた。先生は弟子たちの思っていることを見抜いて、これを理解されることにかけては優れた能力を持っておられた。そして同時に先生は各自の素質を尊重することに細心の注意を払われた。その結果、先生の門下の音楽家たちはいずれもしっかりした音楽理論の地盤を持つにいたり、しかも同時にめいめいの作品がそれぞれ異なった個人的な特徴を失わずにいるのである。

これは本質的に自由主義の教育法である。先生は一定不動の規則や無味乾燥な出来合いの理論などを用いて教えることは決してされなかった。かえって先生の全ての教えは、規則以上のものによって動かされたものであった。その規則以上のものとは何であったかといえば、それは愛であった。そしてこれが先生の教育法の秘訣であった。

私たちがすでに見たように、先生は音楽芸術に対して脇目も振らぬ熱烈な愛情を注がれた。そして先生が弟子たちを愛されたのも、この音楽に対する愛の表れであった。すなわち先生は音楽を何ものにも勝って尊重され、これを弟子たちに委託して後世に伝えようとされた。つまり弟子たちは、先生にとっては先生の音楽の委託者であった。だからこそ先生は弟子たちを愛し、彼らの心に触れる術《すべ》を本能的に知っておられたのである。そして弟子たちの心がいったん先生に惹きつけられると、二度と先生から離れることはなかった。

このようにして私たちの全世代は、幸いにもみな先生の健全な堅実な原理に基づいて教育された。先生は私たちにとって先見の明ある教師であり、私たちの行く手を明らかに示す灯火《ともしび》であられた。しかしそればかりでなく、先生はまた私たちの「お父さん」であられた。先生はフランス交響楽派の創始者であられたけれども、なおかつ私はその先生を躊躇せずに「お父さん」と呼ぶ。なぜなら私たち先生の弟子たちや先生の芸術上の多くの友達たちは、別に相談したわけでもないのに一様に先生にこの渾名《あだな》をつけたからである。

学校教師の普通の教え方では生徒たちは互いに競争相手になるのが普通であり、また敵同士になることもしばしばである。ことにパリ音楽院の教授たちは一等賞を取ることに主力を注いでいるため、特にこの傾向がある。しかしフランク「お父さん」は、芸術家という自由な立派な名称に真にふさわしい芸術家を作ることだけに専念された。そして先生の純真な心から溢れ出る愛の雰囲気に接しては、弟子たちは先生に対して父に対すると同じような愛情を抱いた。しかしそればかりでなく、また弟子たちは先生を通して相互にも睦み合った。先生の死後十五年を経た現在でも、先生の愛の影響は依然として残っている。すなわち先生の弟子たちは、今なお相互に親密の情を保ち、お互いに対する友情には少しの曇りも見られない。

しかし以上のことばかりでなく、先生は作曲の教授としても実に申し分ない人であられた。私たちが自分で書いた草稿を持っていくと、先生は実に良心的にそれを吟味された。先生は構造上の誤りに対しては少しも容赦されなかった。そしてそのような誤りに接すると、先生は一瞬の躊躇もなしに即座にこれを訂正された。私たちが先生に見てもらう草稿の中で、それを書いた私たち自身でも怪しいと思う箇所があると、私たちはそういう箇所については先生に何も言わないように気をつけたのであるが、それにもかかわらず先生が訂正の途中でそれらの箇所に出会われると、先生の大きい口はたちまち緊張し、額にはしわが寄り、先生の全体の様子には苦痛の色が漂った。先生はそのまずい箇所を二、三度ピアノで弾いてから、眼を上げて私たちを見られ、「私はこれを好かない！」という致命的な宣告を下されるのであった。それに反して私たちが自分で初めて書いたたどたどしい曲の中で、たまたま何か新しい論理的な転調やちょっとでも興味ある斬新な形式の試みをなしたときなどには、先生は私たちの上に屈んで「私はこれが好きだよ、私はこれが好きだよ」とささやかれるのであった。もちろん私たち褒められた当人は得意であったが、先生ご自身もそういう際はいかにも嬉しそうであられた。

右のように先生はご自分の好き嫌いに基づいて判断を下されたのであるが、しかしそうは言ってもそれが先生の虚栄心や自惚れから出たのだと考えるべきではない。音楽批評家の中には一つの作品を初めて聴いて――しかもその際、たいして注意も払わないで聴くことさえあるのであるが――「この作品は素晴らしい、あの作品は失敗だ」と横柄にもったいぶって言うような人がある。しかし先生の態度はそれとはまるで違っていた。フランク「お父さん」はこのような大雑把な無造作な批評は決して下されなかった。先生は批評すべき作品をまず傾聴し、読み直し、その長所短所を考察した後でなければそれについて自分の意見を述べようとはされなかった。先生は自分自身を注意深く内省され、はたして自分が美の霊と内面的の交わりを持っているかどうか、またはたして自分が真理——相対的真理でない絶対的真理——の名において語ることができるかどうかを反省された。そして自分でそうだと確信を抱かれた場合だけ自分の意見を述べられた。

いったい真理は憎悪によっては決して明らかにされない。このことについては、私たち十九世紀末に生きている者はいやというほど思い知らされている。「これは駄目だ」という言葉はしばしば用いられる恐るべき言葉である。しかしそれはフランク「お父さん」の「私はそれが好きだ」という簡単な愛の言葉と比較してはいつも無力である。

「私たちは愛さなければならない。自分の外に出なければならない。私たちは自己中心主義を捨て去って、ずっと優れたものを愛さなければならない。このように私たちが愛さなければならないものは、おそらく私たちにとってほとんど未知のものである。しかしそれにもかかわらず、これは色々の名前で私たちが信じ続けているものである。そしてこのものこそ真の思想体系の基礎であり、本質である。そしてプラトンが『天のヴィーナス』と名づけたのは取りも直さずこのものであって、プラトンはこれをこそ崇拝すべきであると説いたのである。またボシュエが基督教徒を教えるにあたって『道徳的完全の声』と呼んだのもこれと同じものである。これがすべての偉大な芸術家の思想であり、セザール・フランクの体系である。古来神に向かう魂の上昇を描写することに優れていた多くの大家たちがあるが、フランクがこの全ての

大家たちの精神に実際に触れることができたのも、右に述べたような思想を抱いていたからである」。［注］

［注］G・ドゥルパ著『セザール・フランク』［前掲六七頁］

すなわち先生の教授法は「直感的教授法」とも呼ぶべきものであった。いまや私は読者諸君にこの直感的教授法をもう少し深く理解していただいて、それが音楽院や音楽学校の大半の教授たちの用いる方法と、どんなに異なっているかを見ていただきたいと思う。

フランク先生が生徒に対して課された第一条件は、たくさんすることではなくて良くすることであった。もっと厳密に言えば、宿題の分量をたくさんして先生のところへ持っていくことではなく、かえって宿題を綿密な注意を払って書いてそれを持っていくことであった。

この方針は非常に生徒のためになった。なぜならこのようにして生徒は何事も等閑にせず、単に機械的にでなく、よく考えて書いてそれを持っていく習慣をすでに予備的学習の時期からつけられたからである。ところが多少とも公の機関で教育された生徒の中には、このことが分からない者が実に多い。そういう生徒は子供のときから教師のところにいわゆる「課題」を持っていく習慣がついている。しかし芸術には真の意味の「課題」などというものは存在しないのであって、彼らにはそのことが分からないのである。音楽も絵画や建築と同じことで、どんな場合でも作曲に「課題」というものはあり得ない。どんな芸術作品でもそれは日毎《ひごと》に課せられるという性質を持ったものではない。かえってそれは一つの苦闘の結果でなければならない。その中で生徒は何らか心情を吐露し、その表現にあたっては自分の知的能力を総動員するのでなければならない。「自分の手でさせる」と称して一定分量の練習題を機械的に生徒にさせるやり方があるが、そんな方法では大抵の生徒は冷淡な態度になってしまう。そして何でもよいから筆に任せてたくさん書きさえすれば、それで満足するという習慣に陥る。いったい私たちが「嗜好」と呼ぶ精神能力は、素材を選択し、これを釣り合いのとれた並べ方で並べる能力である。ところが右に述べた学習法では、生徒はこの能力の基本的な働きを全然理解できない。フランスばかりでなく、ドイツでもイタリアでもおびただしい数の作品が劇場や演奏会場に押し寄せている。しかしそれらの作品は思想的には簡単明瞭であるけれども、芸術的には無価値なものである。このような無価値なものが生まれているのも、もとをただせば右のような誤りに基づいているのである。

「たくさん書く必要はない。しかし良いものを書け」というのがフランク「お父さん」のいつも言われたことである。そしてフランク楽派に力があるのは、この戒めを守っているからである。

私たちが対位法を勉強するに際して、先生は「よく考えて良い旋律を書くように」といつも言われた。またフーガの勉強に際しては、先生は「単に旋律同士を組み合わせるだけでなしに自分の感情を表現するように心がけよ」と生徒たちに忠告された。そして対位法とフーガの勉強が終わった後で、初めて先生は作曲の秘儀を私たちに授けられるのであった。そして先生のお考えでは、作曲というものは全く調性構造が基礎となるのであった。

いったい建築は構造の芸術であるが、音楽ほど建築と密接な関係がある芸術は実際ほかにない。すべて建物の建築にあたって何よりもまず必要なことは、鋭い眼識をもって良質の素材を選ぶことである。同様に作曲家も、もし永続的な価値を持つ作品を創ろうと思うならば、その楽想の選択に際してあくまで入念でなければならない。しかし建築においては、単によい材料を手に入れることだけでは十分でない。さらにこの材料を巧みに用いて、材料同士を固く結びつけ、全体がしっかりした釣り合いのとれたものとなるようにせねばならない。石をいかに注意深く切っても、それをただでたらめに積み重ねたのではその建物は長持ちしない。それと同じくどんな美しい楽句であっても、その楽句の配置と結合とがあるはっきりした論理的な秩序に従っているのでなければ、偉大な作品は構成されない。建築でもこういう条件を満たすときだけ建物が出来上がる。すなわち素材が良くて、しかもその組み合わせに釣り合いがとれているときだけ、その建物がしっかりした長持ちするものとなる。

音楽の作曲もちょうど同様である。そしてフランク先生は、まさにこのことを弟子たちに納得させる方法を知っておられた。おそらく当時、先生以外にはこれを知っていた者はなかった。先生は実際に教えるにあたって、根本的には形式上の法則を固守された。しかしその法則の適用にあたっては、私たちに完全な自由を与えられた。私がすでに述べたように、先生は常にめいめいの生徒が持っている生徒固有の長所を探し出し、それを伸ばしてその生徒の益になるようにしようとされた。したがって先生の教え方はきわめて自由主義的であった。すなわち自然の法則でも伝統に基づく法則でも、音楽芸術の最高の法則を尊敬されることにかけては先生は他人に劣ってはおられなかった。しかしこれらの法則の適用にあたって先生は分別を用いられた。そして法則と個人の独創とを調和させ、弟子たちがこの独創の権利を自由に用いるに任せられた。形式上の誤りやぞんざいな書き方などは芸術作品の土台を損なうのであるから、先生はそういうものは容赦なく指摘された。しかしそれに反して弟子たちが単に細かい間違いを犯したときや、また彼らが各楽派で定めた規則をそのまま守らないときには先生は寛大であられた。たとえ弟子たちがこのように規則を守らなくても、先生にそれが正しいと思われたときは、先生は皮肉というよりむしろ温かみのある微笑を浮かべて「音楽院だったらこんなことは許されないところなんだよ。しかし私は実に気に入ったね」と言われるのであった。

　このように先生は良いと思われるものは何でも大胆にこれを認められたが、だからといって先生は様式上の欠陥に対して盲目ではなかった。先生は問題の箇所を徹底的に吟味された。そしてもし良心的に言ってそれを承認できない場合には、先生はそれを書いた生徒に対して無闇なことは言われず、ただ「そこは良くない。もう一度書いておいで」とだけ言われた。しかしそれだけならほかの教授と同じことであるが、それだけでなくフランク先生はそれがなぜいけないかその理由を挙げて、生徒が納得がいくまではっきり説明された。

フランク先生の教え方で非常に私たちのためになったことの一つは、例を挙げて説明されることであった。私たちは曲の構成をどうしようかと途方に暮れたり、作曲の途中でつかえて先に進めなかったりすることがあったが、そのようなときは、先生はさっそく書棚からバッハとかベートーヴェンとかシューマンとかワーグナーとかの曲を取ってこられ「ほら、ここでベートーヴェン（あるいはほかの作曲家）もちょうど君と同じ立場にいるんだよ。さあ、ベートーヴェンがどういう風にしてそれを切り抜けているかを見てごらん。ここを読んで君の曲をどう訂正したら良いか名案を考えてごらん。しかし真似をしてはいけないよ。自分でその難局を解決するようにすることだ」と言われるのであった。

　右のことに関して一つの挿話を述べることを許していただきたいと思う。実はこれは私事にわたるのであって、私がフランク「お父さん」の弟子になったいきさつについてである。しかし先生がいかに率直であられたか、そしていかにその率直さが人を惹きつけたかがこの話でよく分かる。

　私は自分の四重奏曲中の一楽章を先生の前で弾いたのであるが、私は愚かにもそれがきっと先生の気に入ってもらえると思っていた。それを弾き終えると先生は一瞬黙っていられたが、その後で憂鬱そうな様子で私の方を向いて、次のように言われた。私はいまだかつてその言葉を忘れたことがない。それは私の今までの生涯に決定的な影響を与えた。先生は言われた。「その中には良いところがある。第一気迫があるし、各声部間の受け答えもどうやらできている。思想もまあ悪くないだろう。しかしそれだけでは十分ではないのだ。この作品は完成してはいない。実際君は何も知らないのだ」と。これは全く私が予期しなかった言葉であったので、私はこれを聞いて実に口惜しかった。先生は私のその様子を見て、さらに色々理由を説明された。そして最後に「一緒に勉強したかったら、わしのところへ来たまえ。作曲を教えてあげてもよい」と言われた。

私がこのとき先生に会ったのは晩方遅くなってからであった。私は家に帰ってからいつまでも床の中で眼が覚めていた。私は先生の下された宣告があまりに厳しかったので、それに反発を感じながらも、心の奥底では動揺を感じていた。私は「フランク先生は音楽家としては頭が古くて、若い進歩的な芸術は何も分からないのだ」と思った。しかし次の日、私は心が落ち着いてから、またそのひどい目にあった四重奏曲を取り上げた。先生は自分の言葉を強調するため、いつもの癖で私の原稿に鉛筆で唐草模様のような印をいっぱい書かれたのであったが、私はその印をたどりながら先生の言われたことを一つ一つ考えてみた。すると私は、実際先生の言われたとおりで、自分は何も知らないのだということを認めないわけにいかなかった。私はほとんど戦々恐々として先生のところに行き、「どうか私を先生の生徒の一人に加えていただきたい」とお願いした。先生はその頃、ちょうど音楽院のオルガン教授になられたばかりであったが、そういうわけで私をそのオルガンのクラスに入れてくださったのである。

私はクラスのことを思い出すたびにいつも心にときめきを感じる。このクラスは長い間、音楽院における作曲研究の真の中心であった。その当時、(それはずっと遡って一八七二年以降のことになるが)上級の作曲の三つの講座をそれぞれ担当していたのは次の三人の教授たちであった。すなわち一人はヴィクトール・マッセであるが、この人は喜歌劇の作曲家であって、交響楽については何も知らず、そのうえ絶えず病気で、そのため授業を弟子の一人に委ねるのを常としていた。もう一人はアンリ・ルベルであるが、この人は年輩で狭い古い考えを持っていた。最後の一人はフランソワ・バザンであるが、この人は音楽の作曲とは何かということを全然知らなかった。これにひきかえフランク先生の教えられたところは、バッハとベートーヴェンに基づき、しかもあらゆる新しい豊かな衝動と抱負とを受け入れるものであった。したがって先生の高遠な教えが、いやしくも高尚な思想を抱き、真に音楽を熱愛する青年の心を惹きつけたのは驚くにはあたらない。このようにして先生は音楽院の種々のクラスに散在していた真の芸術家の卵たちを、ほとんど無意識のうちに自分に引き寄せられたのであった。このほかに、音楽院の生徒以外にも先生の家に行って教えを受けていた弟子たちがあったことは言うまでもない。その先生の家というのはサンミシェル通りにある静かな家で、高い窓があり、それが陰の多い庭に面して開いていて、パリには珍しい家であった。私たちはここに一週に一回集まった。フランク「お父さん」はオルガンのクラスでフーガ、対位法、および即興演奏を教えられるだけでは満足されず、先生が特別に教えるに足ると思われた生徒を自分の家に招かれた。しかも先生はこれをされるのに利欲を全然無視してされた。これは公立教育機関の教授たちの間にはなかなか見られないことである。こういう教育機関の趣意書には無報酬で教授すると明言してあるが、残念ながら！　事実はまるでこれとは違っているのである。

フランク先生の弟子たちに対する愛情はきわめて深く、先生は機会あるごとにその愛情を示された。そして先生は弟子たちにとって興味あると思われることは何でも話された。先生は一日の疲労の後、晩にいつものとおりにやって来た生徒たちに別れを告げられてから、また机に向かわれることがしばしばあった。しかしそれは作曲したり管弦楽化したりするためではなく、かえって田舎にいる弟子たちに手紙を書かれるためであった。その手紙も長くなることがよくあった。先生はそういう弟子たちのためになるようにと彼らに教えるべきこと、忠告すべきことを実に念入りにしたためられるのであった。

次に引用する先生のお手紙は私個人に宛てられたものであるが、しかし先生がいかに弟子たちに愛情を注ぎ、いかに弟子たちのことを心配されたかを示す例として、ぜひとも掲げないわけにはいかない。

先生は一八八五年の博覧会の折にはアントワープに招かれ、その祝賀演奏会でご自分の作品を指揮されたのであるが、そのときの上演プログラムに私の作った小曲も一つ入っていた。先生は色々忙しかったにもかかわらず、私に次の手紙を書いてくださった。この中で先生は自分のことよりも他人のことの方をずっと余計に書いておられるのである。

「ヴァンサン君、

親切な、心のこもったお手紙を本当にありがとう。実際これは、今までに一番私が嬉しかったことの一つだ。［注］

いずれもっと長い手紙を書くつもりだが、ここの演奏会で上演した君の「隊長の騎馬行進」は申し分ない演奏で大成功だった。独唱部はフォンテーヌが歌った。私の曲も君のと一緒に演奏したが、私のは「ユルダ」の行進曲とバレエ曲で、これも大喝采を博した。

ヴァンサン君さようなら。奥さんにくれぐれもよろしく。

可愛い坊やたちにキスを一つ送る。

デュパルク君はポー近くに落ち着いた。土地を買ったのだ。

八月十四日金曜日

アントワープで

君の旧友　セザール・フランク」

［注］先生はこの直前にレジオンドヌール勲章を受けられたのであった。

フランク先生は生まれつき愛想の良い方であられた。しかしそれにもかかわらず、当時の大多数の音楽家たちに白眼視されておられた。先生は謙遜な方ではあったが、権力におもねることは絶対にお出来にならなかった。また音楽院の規則でこの上なく神聖視されているものでも、ご自分でそれを破る必要があると思われたときは、決して意気地なくこれに従うことをされなかった。そのため先生は一生涯同僚たちの嫉妬と憎悪との的であった。先生のお考えが何から何まで同僚たちと正反対であったため、同僚たちは明らかに先生を誤解していた。

先生への同僚たちの憎悪は、先生の弟子たちにまで及ぶことがあったが、こうなると事はさらに重大であった。私は競争試験で最も賞を受けるに値する生徒が賞を与えられず、それがその生徒の師事するフランク教授への意趣晴らしのためであったことが一度ならずあったことを知っている。しかし善良なフランク「お父さん」は、不正が行われても人を邪推することを決してされない方であった。したがって先生は試験官を非難されるどころか、その反対に試験の翌日には無邪気にも「どこが悪くて入賞できなかったのか」と、私たちと一緒になって欠点を探されるのであった。

当時の音楽院の生徒たちは教養において欠けるところがあった。そしてこの欠陥は率直に言って教師たちの責任であったのであるが、しかしそれについてとやかく言うのは私がここで問題としている事柄の範囲外である。したがって今はただ次の点を指摘するだけで十分であろう。すなわちこの連中は十六・十七世紀の音楽全部、および十八世紀の作品の多くについて全く無知であった。そして彼らはバッハを退屈なものと見なすのが普通であった。さらにグルックの作風にいたっては、彼らの間の最も機知に富んだ冗談の種であった。彼らがグルックの歌劇「アルミード」の中に平行五度を見つけると、「以前フランク先生が競争試験に提出したフーガにも同じ平行五度があった」と厚かましくも断言するのであった！　現在では音楽院の傾向が変化してきて、どの作曲の学生でも、まるでそうしなければ自分の名誉にかかわるかのように、自分の作品にふんだんに平行五度を多少とも目立つような使い方で使って装飾する。私が今問題にしているその当時は、ちょうどビゼーの「カルメン」が上演されたばかりの頃であったが、この歌劇はこういう連中には全然認められなかった。ある作曲学生たちはこの曲をあまりにワーグナー的すぎると言って非難したし、またほかの者たちは題材があまりに卑俗であるとして眼を背け、声を限りにこれを排斥した。またある者たちは他人の作品を読むことは「自分の個性を弱くする」と言って、どんな傑作でもこれを読むことを故意に拒んだ！

以上すべてのことについて、フランク先生は何も知られなかった。先生は各楽派の因習的な誤りを認めながらも、自分の弟子たちには古今の立派な音楽をたくさん読むようにと勧められた。先生自身はバッハの作品の絶対的な美に対して青年のような情熱を注がれ、これをオルガンで演奏することを私たちに教えられた。

またある人たちは「芸術は生活の表現でなければならない」と事新しく宣言している。これを聞くと、そうでない芸術も今までにあったかのように、またあり得るかのように思われる。もし先生がこのような宣言を聞かれたら、理解に苦しまれたであろうし、また大いに驚かれたであろう。なるほどごく最近の芸術作品でも、その作者の心情から流れ出したものは「生活の断片」として見事なものもあろう。しかしそれはジョットやゴッツォリなどのフレスコ壁画や、レンブラントのサンディックやノートルダム大聖堂の西玄関やベートーヴェンのソナタやグルックの歌劇でも全く同じであって、今に始まったことではない。ところが右の「生活の断片」主義を素朴に信奉する人々は、「芸術は生活なのだからあらかじめ何事も学ぶ必要はない」と主張するのである。つまり「私たちは生まれながらの建築家で、別に自分の持っている材料の釣り合いを取ることを学ばずとも、後世に残る大建築物を建てることができ、また私たちは誰でも霊感の導きさえあれば、ただちに交響曲を書くことができる」というのである。しかしこのような主張はフランク先生には理解できない事柄であった。先生の作り出された芸術は、先生の長い間の勉強と創作の苦しみの所産であって、右に述べたような理論の正反対であった。

しかも同時に先生の作品は実にこの上なく生き生きとしており、その中には健全な盛んな生命力が脈を打っている。先生は自分の周りに見られる喜びと悲しみとを実に熱烈に表現される。また先生は他人の生活や感情を音楽で描写されるばかりでなく、自分自身を表現される。「至福」に出てくる人物が現代の着物を着て現れなくてもそれは問題にならない。なぜならこの曲での永遠の正義の神に対する崇高な祈りに接して、私たち現代の人間は深く心を動かされるのであるし、またこの作品の迫害される人々と共に私たち自身が悩むのであるし、またこの曲で柔和と純潔とを表すこの上なく優しい旋律の中に、私たちは愛する先生の魂そのものを認めるからである。

疑いもなくフランク先生の芸術作品は、いずれも善良さと絶対的な誠実さとが合して出来上がったものであった。それはちょうど、先生の教えが弟子たちに対する慈愛の発露にほかならなかったのと同様である。そういうわけで先生の作品は後々まで残るであろう。懐疑と憎悪とはときに有用なものを破壊したかもしれないけれども、永続的なものは何一つ作り出したことがない。それに引きかえ、愛と信仰だけが不朽の作品を孕《はら》み、これを産み出すのである。

二　フランク楽派

フランク先生のオルガンのクラスでしばらく学んで、後に作曲家となった人たちは幾人もあるが、先生のように教師として優れておられた方は、その人たちに影響を与えずにはおかなかった。そういう人たちの中には、サミュエル・ルソー、ガブリエル・ピエルネ、オーギュスト・シャピュイ、H・ダリエ、A・デュタック、ジョルジュ・マルティ、ガルオッティ、A・マホート、サン＝ルネ・タヤンディエ、Ch・トゥルヌミール、およびポール・ヴィダルがある。この中でサミュエル・ルソーは長年サントクロティルド教会の副合唱長として、フランク先生のもとに働いた人、ガブリエル・ピエルネは先生が逝去されるに及んで同教会のオルガニストに任ぜられた人、オーギュスト・シャピュイは良い音楽を大衆に普及するのに力があった人、ジョルジュ・マルティは伝統ある演奏協会の若い大胆な指揮者、ポール・ヴィダルはオペラ劇場の名指揮者である。

フランク先生の精神は、国民音楽協会委員会の同僚にも影響を与えた。その中には先生の友人のＡl・ギルマンや、先生の親友エマニュエル・シャブリエや、ポール・デュカスや、さらにガブリエル・フォーレさえもあり、ほかにもポール・ブローやアーマンド・ペアレントや大提琴家イザイなどの演奏家もある。

しかしこのほかに先生の個人的な弟子たちの一団がある。この弟子たちはサンミシェル通りの先生のお宅で先生から教えを受けた者たちである。この弟子たちは先生の教えに基づいて卓越した伝統を確立し、保持し、さらに自分たちが実際に作曲したものを世に示して、先生の教えがどんなに優れているかを具体的に証明するのに特に力があった。

「フランク先生の弟子」という名前は今でこそ名誉であるが、始めからそうであったわけではない。以前にはまるでその反対であった。すなわち、例えばある若い作曲家が大胆にサンミシェル通りの家を訪れて、ただ好奇心から先生の忠告を求めたとする。そしてその作曲家が後で「君はサントクロティルド教会のオルガニストとどういう関係があるか」と聞かれたなら、彼は下を向いて、ちょうど大司祭の邸で主キリストを否定した聖ペテロのように「私はあの男を知らない」とむきになって答えたであろう。前にはそんな時期があったのである。

ところがいまや先生が不滅の音楽家の列に加えられるや、先生の弟子が急に無数に増えてきた。そして先生と時代を同じくする作曲家の過半数は、あたかも先生に直接学び、先生から優れた有益な教えを受けたかのようなふりをするようになった。最近十年間に現れた歌劇作曲家、歌謡作曲者で、自分を宣伝するのにフランク先生の名前を利用しなかった者はほとんどいない。しかもこの連中がはたして先生の弟子であるかどうかは、その作曲したものを一目見ればすぐ分かるのである。

このように猫も杓子もフランク先生の弟子と称するようになってきたのであるから、実際に先生のもとで作曲を学んだ弟子たちの名前をここに列記することは無駄でないと思う。私はこの人たちを全部知っているし、彼らが先生に付いて勉強していた様子を現に見ていたのであるから、これを列挙するのはいたって容易である。私はできる限り年代順に並べることにする。

一八七〇年の戦争以前に先生のもとで学んだ最初の弟子たちは、アルテュール・コカール、アルベール・カーンおよびアンリ・デュパルクである。この中でアンリ・デュパルクはリートにかけてはシューベルトやシューマンの域に達した人である。次いでアレクシス・ドゥ・カスティヨンが弟子となった。この人は騎兵将校で、それまでずっと音楽を熱愛していた。カスティヨンは最初ヴィクトール・マッセに師事した。このマッセは「ジャネットの結婚」の作曲者であるが、カスティヨンはマッセが滑稽なほど考えが狭いのにじきに嫌気がさし、失望して音楽を捨てようとしていた。そういう際にカスティヨンはフランク先生に会ったのであるが、先生はすぐ彼が才能のある珍しい人であることを見抜かれた。カスティヨンは先生に会って新しく眼が開かれた。彼はそれまでに作った曲を全部破棄し、先生から新しく学んだことに基づいて五重奏曲を作り、これを作品一とした。私たちはみなカスティヨンの作曲の才能に期待をおき、彼はさぞ素晴らしいものになるだろうと思っていた。ところがカスティヨンは三十五歳にならないうちに夭逝したため、不幸にも私たちの期待は外れてしまった。

一八七二年以後にセザール・フランク先生の門下にあった人々は次のとおりである。すなわち本書の著者、カミーユ・ブノワ、オーギュスタ・オルメス、およびエルネスト・ショーソン。このショーソンはむごたらしい事故のため、突然親しい友人たちの間から奪い去られてしまった。ショーソンは素晴らしい作品を遺したのであるが、しかしこれらの作品を見ると彼がもし長生きしたら、さぞかしもっと優れたものを作ったことだろうと思われる。その他、ポール・ドゥ・ウェイリー、アンリ・クンケルマンおよびピエール・ドゥ・ブレヴィルがある。ドゥ・ブレヴィルは繊細な技巧で名をなした。かつ彼は構造に対する感覚を先生から受け継いだ。ルイ・ドゥ・セール、この人の優美な表現能力はフランク先生に特に褒められたもの。ギィ・ロパルツ、この人は生まれながらの交響楽作曲者で、彼はナンシー音楽院長という公の地位にあったにもかかわらず、どこまでもフランク先生の主義に従って離れなかった。ガストン・ヴァラン、シャルル・ボルド、この人はサンジェルヴェ教会合唱長であり、かつ教会音楽再建を勇敢に首唱した人。最後にギヨーム・ルクー。この人はほとんど天才というべき才能を持ちながら、不幸にもその才能を十分に示すことを何らしないうちに二十四歳で亡くなった。

これらの人々が、然り、これらの人々だけが先生を親しく知っていた。彼らは先生の心の奥深く秘められた思想を自分に吸収し、また先生の忠告によって励まされたのである。フランク先生の作曲の授業が実際にどんなものであったかを知っているのは、この人たちだけである。そして先生とこの弟子たちとが力を合わせて向かった目標はただ一つ――それは芸術であった。この弟子たちと「至福」の作曲者との間には、ほとんど超自然的ともいうべき霊的交通があり、それが電流のように両者の間に流れていた。このような霊的交通を体験したと言えるのは右の人たちだけである。実際、フランク先生の伝記を書いたある人がいみじくも言ったように。「これほど寛大で、これほど弟子たちに信頼された教師はいまだかつていなかった。」（G・ドゥルパ『セザール・フランク』）。この弟子たちはいつまでも先生の死を悼み、彼らの生きている限りは先生から受けた精神的影響を忘れることがないであろう。

私はこれ以上、何を言うことができようか。

本書の三つの部分で、私はまずありのままの先生の姿を示すことによって、私自身が先生を敬愛したと同じだけほかの人にも先生を好きになってもらい（第一部）、次に先生の最も気品高い作品を若干分析することによって、先生の創作の優れていることを認めてもらおうとした（第二部）。そして最後に偉大な作曲の教師としての先生が、いかにその力と信念とをフランスの交響楽作曲家たちの輝かしい一団に伝えられたかを示そうとした（第三部）。

先生の感化は先生が亡くなられた後もなお残っている。そして先生の弟子および友人たちは、先生の忠告を大事に心に抱いて一つの学校を創立した。そして彼らはそこで青年たちに「頭を上げて、芸術のただ一つの健全な道をまっすぐに歩け」と誇りを持って教えているのであるが、この教えはほかでもなく彼ら自身が先生から受けたところなのである。［注］

［注］「スコラ・カントルム」。これは一八九四年にA l・ギルマン、シャルル・ボルドおよびヴァンサ

ン・ダンディが創立したものである。

先生のこの輝かしい影響は、先生の没後に生まれた多くの人々をも今なお照らし、これに力を与えている。この先生の影響についてポール・デュカスは次のように言っている。デュカスは先生の門下ではないけれども、誠実な作曲家かつ批評家である。彼は言う。「私がすでに注意を促したとおり、フランクの時代以後、現代フランス音楽は新しい出発をしたのであって、このことに対してフランクの影響が重要な役割を果たしている。サン＝サーンスおよびエドゥアール・ラロと並んでフランクの名前は一時代を画するものである。フランク以後、現在にまでになされたあらゆる純粋音楽の発達はフランクに源を発している。当時ワーグナーの影響が増大の傾向をたどり、それが奴隷的屈辱的な軛《くびき》を人にかけてこれを束縛していた。ところがフランスの多くの若い作曲家たちは、フランクの立てた伝統のおかげでこの軛を払いのけることができた。若い作曲家たちはこのことに対しては先輩たちにいくら感謝してもし過ぎることがない。彼らがその感謝を示そうと思うならば、何よりもこの偉大な伝統をさらに広めることをしてもらいたい。フランク楽派はこの伝統を保持し、この伝統が人類を超えるものであり、個人的成功よりも遥か以上のものである、と教えたのである。」（「芸術新聞」〈*La Chronique des Arts*〉一九〇四年第三十三号）

フランク先生は音楽の天才であり、同時に堅固な基督教信者であられた。今、私はアンリ・

マルセル氏が芸術長官としてフランク先生に対して公衆の前で述べた賞賛の辞を次に引用したいと思う。［注］本書を閉じる言葉として、私はこれほど適当な言葉をほかに見出すことができない。氏はこう述べている。

「いまやフランク先生は当然先生にふさわしい場所、すなわち不滅の天才たちの聖歌隊の中におられるのであります。この天才たちは未来の世々にいたるまで私たちを保証するものであり、またおそらくはこの人々が私たちの存在理由であり、さらにまたこの世で人類が義とせられるのは、この人たちあるが故なのであります。」［注］

［注］一九〇四年十月二十二日にセザール・フランク先生の記念碑の除幕式における式辞からの抜粋。

訳者あとがき

フランクに関する多くの研究書の中で、本書 Vincent d'Indy, *César Franck*（1906）は比類ない意義を持つ。それはこれがフランクの直弟子の書いたものであることである。この書はいわばアンナ・マグダレーナ・バッハの著したＪ・Ｓバッハの追憶記にも例えられる。このような直接的な知識に基づいて書かれた本は、歴史的に特別の価値を持っているため、フランクに関する研究がどのように進んでも、いつまでも決して廃れることがなく、ほかのものによって置き換えられることはあり得ない。かえってこれは全てのフランク研究家が絶えず拠り所とする必読の書である。著者ダンディは約二十年の長きにわたってフランクのくんとうを受け、その間にフランクを人間としても、作曲家としても、また教育者としてもつぶさに観察する機会を持った。しかも著者は単に外側から第三者としてフランクを眺めたのでなく、かえってフランクの魂の内奥に触れ、真の音楽精神が何であるかを、いわば秘伝的にフランクから直々に学んだ。したがって著者はフランクの本領を的確に把握し、権威をもって「これがフランクだ」と言い切ることができたのである。

著者によればフランクは誠実な愛の人であったが、本書はそのように深い慈愛を受けた恩師に対する弟子からの報恩の捧げものにほかならない。本書に数々見られる著者のフランクに対する真心の吐露に接して心を打たれない者はいない。そして冷静な作品研究の途中でさえ、ちょうど砂漠の中のオアシスのように思いがけなく著者の恩師への迸《ほとばし》りを見出して胸が熱くなるのである。

真理は憎悪によってでなく、愛によって解明されると著者は言う。一人の人を理解するにはまずその人を愛さなければならない。少なくともその人の持つ最も良いものは、その人を愛する者によってのみ知られる。その人に対する愛がないときは、その人の真の姿は隠れてしまう。したがって著者のようなフランクと師弟の愛の交わりを体験した人は、フランクの敵よりも多くフランクの真の姿を理解したのでなければならない。もちろんこの種の著書は公平な判断を欠く恨みはあろう。けれどもそれを補って余りあるもの、すなわち単なる局外者の客観的な研究には見られない、生きた生命の把捉があることは否めまいと思う。

私たちは始めに本書をマグダレーナ・バッハの書に例えた。しかし本書の著者ダンディはマグダレーナとは異なり、自分自身も立派な作曲家として見識を持ち、音楽史上に名を残している。彼はフランクの最も古い弟子の一人で、フランクも彼には一目置き、いざというときは恩師の代わりにオルガンやピアノを弾く役も務め、またフランクが自作を公開演奏するときには、同時に著者の作品もプログラムに加えられたほどである。そしてフランクは作曲にあたって著者に意見を求めすらし、ときには著者がフランクに苦言を呈することすらあったという。これらの事柄からも分かるように、本書はマグダレーナの追憶記のような盲目的な無批判な偏愛を示すのではなく、独立した一作曲家としての立場から、できるだけ公平な態度でフランクを眺めようと努力している。ことに作品分析の各章では、同じ著者のベートーヴェン研究（小松耕輔訳）におけると同様の科学的な緻密な観察をなして、それぞれの作品の核心に迫っている。そして単に長所を挙げるばかりでなく、また短所もこれを指摘することを避けていない。この点著者は確かに良心的である。また作曲家は作曲家だけにしか分からない面が分かる。本書の作品研究はその意味での興味もある。しかも著者の判断は単に独断ではなく、彼は同時代の各種の参考文献に当たってみることを忘れない。さらに本書はフランク研究であるだけでなく、また著者自身の芸術論の展開が断片的にあちこち見られるもの面白い。

次に私たちは、フランクもダンディも共にカトリック信者であったということに焦点を合わせて本書をもう一度眺めてみようと思う。もちろん著者はカトリック教徒としての自分の立場を真正面から振りかざして論ずることはしていない。しかし人の有する立場というものは争われないもので自然に外に表れる。ダンディがグレゴリオ聖歌の闊達さと比べて新教のコラールの貧弱さを難ずるとき、また新教作曲家の描いたキリスト像が厳しさに偏っていることを嘆くとき、さらに恩師の交響詩「プシュケ」の中に修道院的な神秘主義を読み込むとき、はたまた文芸復興期が「枯渇した」異教芸術を復活させようとしたことはその根本的な誤謬であったと断ずるときに、彼の旧教的見解が明瞭にうかがわれる。

しかし、今私たちにとっての問題は、著者の立場よりもフランク自身の立場ないし著者がフランクの立場をどう見たかの問題である。フランクの音楽の特徴を論ずるときには、まずその宗教性が挙げられねばならない。彼はその作曲生涯の大半を教会のオルガニストとして過ごした。したがって彼の芸術的感興は不可避的に教会という場から生まれている。そのため彼の教会音楽はもちろんのこと、純粋音楽や世俗音楽でさえも宗教的色彩を帯びるにいたっている。例えば彼は「プシュケ」のような恋愛詩を扱っても、基督教的な内容を暗示するような音楽を書く。また彼の「交響曲」や「ヴァイオリン・ソナタ」などの純粋音楽でも、多分に宗教的意味を持つものと解釈するのがむしろ常識となっている。

右のことを考えれば、本書著者がフランクの作曲生涯の三つの時期の各代表作品としてそれぞれ「ルツ」「贖罪」および「至福」という宗教音楽作品を挙げているのは意味がある。そしてこの三つのうち「ルツ」および「贖罪」は、次に来るべき「至福」のための下準備であったのであって、著者によれば「至福」こそはフランクの全ての特徴を最も良く表す真の代表作であった。この作品の完成には十年の歳月を要し、またその構想は彼の作曲生涯のほとんど全期にわたって絶えず彼の念頭にあったことを思えば、このように見ることが決して誤りでないことが分かる。つまりこの曲は彼の畢生の課題だったのであって、この作品以前の諸作品は全てこれを予示し、これ以後の諸作品はいずれもこれを回顧しているとも言える。ゲーテの「ファウスト」で言えばUr-Faustにも当たるべき「至福」の原形は、すでにフランクが二十三歳の頃に書かれているのであるし、また「至福」の完成以後も、彼が良いものを書こうとするときは「至福」を通して弾いて、それから新しい霊感を得たのであるという。普通、フランクの傑作として知られるものの多くは「至福」以後に生まれているが、これらが「至福」から直接流れ出したものであることは右の事実が証拠立てている。したがってフランクの各作品の持つ意味を十分に知ろうと思えば「至福」を見るのが最も良い。ダンディが言うように「至福」は（「贖罪」もそうであるが）単に宗教的題材を音楽の手段として利用したものではなく、かえってこれは著者自身の宗教思想の表現である。しかもフランクの信仰は単に生ぬるい曖昧なものではなく、しばしば彼は溢れる熟誠をこめて自分の宗教思想を人に語った。だからそのような熱烈な信仰はただに彼の宗教音楽ばかりでなく、そのほかの諸作品にも支配的な影響を与えていないとは考えられない。したがってたとえそれが純粋音楽の場合であっても、それらを「至福」や「贖罪」との関係において眺めることはこじつけではない。人間は徹底的に言葉の動物であって、言葉で表すことができないものをさえも、何かしら言葉に表わさねば気が済まない衝動を本能的に持つ。その意味で言葉と楽想とが直接結合している「至福」などは、いわば作曲者自身が自分の音楽に対して言葉を用いて施した解説とも言える。したがって彼の純粋音楽も言葉の領域に移せば、実はこれだけの意味を持つものと解しなければならない。それならフランクが自分の音楽によって表現しようとした思想はどのようなものであったか。

「至福」の中心思想は愛のキリストである。貧しい者、虐げられた者、悲しむ者に対して憐みと祝福の言葉を語る「愛のキリスト」の旋律がこの作品を一貫する。著者自身はこのテーマがワーグナー流のライトモティーフとは異なる所以を指摘しているが、それにもかかわらずこれは多分にライトモティーフ的である。フランクは山上の垂訓中の「幸いなるかな……」という祝福と愛の言葉にこの上なく共鳴し、少年時代からこれを愛読した。「愛の人」フランクはこのようにして形成された。これらの言葉を媒介としてフランクはキリストと固く結びついた。「至福」の中心旋律は「愛のキリスト」を表すと同時に、また「愛の人」フランクをも表し、両者がここで重なり合っている。つまり神人合一という神秘主義の妙諦がここに見られるわけである。いわばこの「愛のキリスト」のテーマは、フランクの全作品の凝縮したものである。この旋律が具現している神秘的な至純な愛こそは、フランクの音楽全体の持つ特徴をそのまま表すものである。

しかし同じ神秘主義でもフランクの神秘主義は、決して晦渋な混沌とした神秘主義ではない。それは彼が嬰記号を持つ各調を愛したことでも分かるとおり、輝かしい明るさに満ちている。この点でダンディがフランクの音楽を十四・十五世紀の宗教画と比較しているのは、驚くべき洞察である。なぜならこれらの宗教画の持つ清澄な明晰な釣り合いの取れた輝かしさと、彼岸的な愛に満ちた内面的な素朴な美しさとは、フランクの特徴そのままだからである。これらは文芸復興期後期のいかにも人間臭い絵画とは明瞭な対比をなすものであって、それらの純粋な霊的な光は私たちの魂を天上の故郷に運ぶのである。いずれにしてもフランクと文芸復興期前期の画家たちとの著しい類似を指摘したことは、本書の持つ偉大な功績の一つである。

そして以上のようなフランクの特徴は、いかにもフランス的であるとともに、その神秘主義的傾向は多分に旧教的なものを持つ。しかしその反面、神と人との断絶を強調する新教主義の厳しさはここには見られない。このことは実は一つの危険を孕《はら》んでいる。なぜなら神と人との愛による結合にあまり重きを置く結果は、一歩誤れば、神聖な愛（アガペー）を地上的な愛（エロース）と混同することになる怖れがあるからである。事実、フランクの数々の歌曲中、「愛」「ニノン」「ばらの結婚」などの愛の讃歌では、もはやその愛は神的なものであるか地的なものであるか区別がつかなくなっている。さらにフランクは「プシュケ」においては地上の愛の中に天上の愛の象徴を見、エロースをアガペーにまで聖化しようとしているらしいのであるが、それにもかかわらず、この作品の表す神秘主義は（ダンディ自身は否定しているけれども）官能的な印象をすら与える（例えば野村光一『名曲に聴く』改訂新版中巻九〇九頁参照）。このようにしてフランクは危うく不健全なものに我知らず堕しようとする傾向を持つのであるが、しかし彼は己の基督教信仰を健全なものに保つため、意識的には断固としてこの傾向を拒否しなければならなかった。だからある人が「プシュケ」の恍惚たる美しさを賞賛したとき、かえってフランクはこれを捨ててその代わりに「至福」中の官能的な音を含まない部分を取ったのである（コルトー『フランス・ピアノ音楽』安川定男・加壽子訳上巻六七頁参照）。

以上、私たちは「至福」を手掛かりとしてフランクの音楽の特色を考察したが、ともかく「至福」はフランクの幸福論である。真の幸福はどこにあるかに対する自分の信念を音楽の形で披瀝したものである。しかもフランクはこの信念を一生涯実行した。「至福」の中で彼は「ひたすら義を追い求める者は幸福だ」と歌ったが、「義を追い求める」は彼にあっては「音楽を追い求める」ことと同義であった。すなわち彼は一生涯馬鹿正直に芸術にばかり打ち込み、打算とか名声とかは彼の眼中になかった。また彼は「義のために迫害される者は幸福なんだ」と断言したが、それが嘘でないことを身をもって証した。すなわち彼が音楽だけをほかの何ものにも増して愛した結果は、多くの人々に誤解され、排斥され、七十近くまで世間に認められず、うだつの上がらぬ一生を送った。しかしフランクは結局勝ったのである。なぜなら彼の清い愛の音楽は、今日では珠玉の作品として全ての人に認められているからである。

（普通 Les Béatitudes は「至福」などと訳されているが、これは訳として不完全である。なぜなら単に抽象的な「天上の幸福」の意味ではなく、その複数の形が示しているように、キリストが山上の垂訓で「幸いなるかな……」と八回繰り返して述べている言葉を指しているからである。したがってこれは「祝福の言葉」とするか、あるいはもっと具体的に「幸いなるかな」とすべきである。しかし本訳では便宜上「至福」の訳に従った。）

最後に本書は、もと大中寅二先生のお勧めによって翻訳したものである。今ここに謹んでこれを先生に献げる次第である。

東京馬込　訳者

昭和二十八年五月

作品年表

本表はできる限り完全を期し、種々の図書館や出版社について長期にわたって細心の調査をなした後に編纂したものである。ジョルジュ・C・フランク氏所蔵の若干の古い原稿を除けば、本表に漏れているものはほとんどないと思う。私はこの目録を作るにあたって作品を年代順に並べた。ただし、本表ではそれぞれの作品の最初の形のものだけをとりあげた。〈編集注〉：作品標題は現在一般的な名称に改めた。

作品番号	作曲年度	作品標題	献題	初版	現在版（一九〇六年）	備考
		第一期				
一	一八四一	三つの協奏的ピアノ三重奏曲（ピアノ・ヴァイオリン・チェロ）	ベルギー国王レオポルド一世陛下に	シューベルト書店	ライプツィヒ シューベルト書店	
		第一番 嬰ヘ短調				
		第二番 変ロ長調「サロンの三重奏曲」				
	一八四二	第三番 ロ短調				
二	一八四二	協奏的ピアノ三重奏曲 第四番 ロ短調（ピアノ・ヴァイオリン・チェロ）	友人フランツ・リストに	シューベルト	シューベルト	
三	一八四二	牧歌（ピアノ）	シャバンヌ男爵夫人に	シュレジンガー		絶版
四	一八四二	「英国国歌」によるピアノ二重奏曲	アンナおよびエ	シュレジンガー		絶版

五	一八四三	大奇想曲（ピアノ）	ムリーヌ・ストラットン嬢に　コルディエ夫人に	ルモアンヌ	ルモアンヌ	
六	一八四三	アンダンティーノ・クィエトーソ　変ホ長調（ピアノ・ヴァイオリン）	モンタンドル伯爵に	ルモアンヌ	ルモアンヌ	
七	一八四三	エクス＝ラ＝シャペルの思い出（ピアノ）	セシル・ラシャンブル嬢に	シューベルト		絶版
八	一八四四	シューベルトの四つのメロディ（ピアノに編曲）　一、若き尼　二、鱒　三、乙女の嘆き　四、葬列の鐘	セシル・ラシャンブル嬢に	E・シャリオ		
九	一八四四	バラード（ピアノ）		？		写本のみ
一〇	一八四四	ピアノ独奏曲（弦楽四重奏伴奏付）		？		痕跡なし
一一	一八四四	ダグレーラクの「ギュリスタン」による第一幻想曲（ピアノ）		リショー	コスタラ	
一二	一八四四	ダグレーラクの「ギュリスタン」のアリアとヴィルレによる第二幻想曲（ピアノ）	マルグリート・アンリエット・アドゥール嬢に	リショー	コスタラ	
一三	一八四四	幻想曲（ピアノ）		？		痕跡なし
一四	一八四四	ピアノとヴァイオリン協奏のための	フェリシテ・ド・	リショー	コスタラ	

		二重奏曲（ダレーラクの「ギュリスタン」のモティーフによる）	セシル・ド・エルク・サンランベール嬢に			
一五	一八四五	二つのポーランドの歌による幻想曲（ピアノ）	リニュ公妃殿下（旧姓リュボミルスカ）に	リショー	コスタラ	
一六	一八四五	三つの小品（ピアノ） 一、デュエッティーノ 二、ワルツ 三、夢	リニュ公妃殿下（旧姓リュボミルスカ）に	？		
一七	一八四六	グレトリの「リュシル」によるピアノ二重奏曲		パシニボナルディ		絶版
	一八四六頃	交響詩「山上の垂訓」（至福）				未発表
	一八四三—一八四六	聖書による牧歌「ルツ」（独唱・合唱・管弦楽）（三部）		ハルトマン（一八七二）	ウジェル	
	一八四二—	回想（シャトーブリアン作詞）（歌曲）	ポーリーヌ・ヴィアルドー夫人に	リショー	コスタラ	
	一八四三	ニノン（ミュッセ作詞）（歌曲）	フェレオル医師に	リショー	コスタラ	
		バンガドールの王侯（ジョゼフ・メリ作詞）（歌曲）	ルイーズ・ブーテ・ドゥ・モンヴェル夫人に	リショー	コスタラ	表紙には「アルフォンス・ブーテ・ドゥ・
		空気の精（デュマ作詞）（チェロの助	クレール・ブリ	リショー	コスタラ	

	奏付き）（歌曲）	ソー夫人に			モンヴェル氏に」とある
	ロビン・グレイ（フロリアン作詞）（歌曲）	クレール・ブリソー夫人に	リショー	コスタラ	
一八四六	天使と幼子（ジャン・ルブール作詞）（歌曲）	セザール・フランク夫人に	？	アメル（一八七八）	
一八五一—一八五二	喜歌劇「頑固な召使い」（A・ロワイエとG・ヴァエス台本）（三幕）				未発表
一八五二	三人の亡命者（ベルナール・ドゥフォス作詞）（バリトン・バス）		マイヨー		絶版
	第二期				
一八五八	荘厳ミサ曲（バス・オルガン）		レニエ・カノー		絶版
一八五八	アンダンティーノ ト短調（オルガン）		リショー	コスタラ	
一八五八	グレゴリオ聖歌の伴奏および編曲集		Ad・ルクレール		
一八五八	オ・サルタリス（ソプラノ・テノール・オルガン）		レニエ・カノー	ノエル	
一八五八	三つのモテット 一、オ・サルタリス（ソプラノ・合唱） 二、アヴェ・マリア（ソプラノ・バス） 三、タントゥム・エルゴ（バス）		レニエ・カノー	ノエル	
一八五九	三つのマリア賛歌（大オルガン）		ハルトマン	ウジェル	

	一八五九	誉を守る者（讃美歌）		レニエ・カノー	ノエル	
一二	一八六〇	三声のミサ曲（ソプラノ・テノール・バス・オルガン・ハープ・チェロ・コントラバス）		ルポー	ボルヌマン（一八七二）	
	一八六〇―一八六二	大オルガンのための六つの小品		マイアン・クヴルール	デュラン（一八七九）	
一六		一、幻想曲 ハ長調	友人A・ショーヴェ氏に			
一七		二、交響的大曲 嬰ヘ短調	友人Ch・ヴァランタン・アルカン氏に			
一八		三、前奏曲、フーガと変奏曲 ロ短調	友人C・サン＝サーンス氏に			
一九		四、パストラール ホ長調	友人アリスティード・カヴァイエコル氏に			
二〇		五、祈り 嬰ハ短調	恩師ブノワ教授に			
二一		六、終曲 変ロ長調	友人ルフェビュール・ウェリ氏に			

二二	一八六二	行進曲風に（小オルガン）	マリー・テレーズ・ミクシオー嬢に	グラフ	ルデュック	
	一八六三	五つの小品（小オルガン） 二つの奉献曲 二つの唱句 一つの聖体拝領		グラフ—パルヴィ	ルデュック	
	一八六三	アヴェ・マリア（ソプラノ・テノール・バス・オルガン）		ルポー	ボルヌマン	
	一八六三	四四の小品（オルガン）			エノック（一九〇〇）	遺稿として出版
	一八六五	オラトリオ「バベルの塔」（独唱・合唱・管弦楽）				未発表：原稿に一八六五年四月一八日とある
	一八六五	人形の嘆き（ピアノ）	ガブリエル・エシュガー嬢に		マンジョー	
	一八七〇	パリ（テノールと管弦楽のための愛国歌）				未発表
	一八七一	三つのオッフェルトリウム 一、これぞ、それなり（独唱・合唱・オルガン・コントラバス）		ルポー	ボルヌマン	

	二、真実にます主なる神よ（三声・オルガン・コントラバス）				
	三、主の右に（独唱・三部合唱・オルガン・コントラバス）	サントクロティルド教会副司祭アムラン師に			
一八七一	ばらの結婚（ウジューヌ・ダヴィド作詞）（歌曲）	トレラ夫人に		エノック	
一八七一	主よ、われらの罪により〈*Domine non secundum*〉（ソプラノ・テノール・バスのための奉献曲）		ル・クリエ・デ・ファミーユ	ボルヌマン	
一八七一	なにゆえ諸民族はわめき立てる〈*Quasi Fremiercent gentes*〉（三部合唱・オルガン・コントラバスのための奉献曲）		ル・ベイリー	ボルヌマン	
一八七一	ブルターニュの歌によるオッフェルトリウム（小オルガン）		ナウス		
一八七二	天使の糧（テノール・オルガン・ハープ・チェロ・コントラバス）		ル・ベイリー	ボルヌマン	三声ミサの中に挿入
一八七一	「贖罪」（ソプラノ独唱・合唱・管弦楽のための交響詩）（E・ブロー作		ハルトマン（一八七二）	ウジェル	初版

	詞）（作曲者によってピアノに編曲）				
一八七二	日ごとに過ぎてゆき（ユゴー作詞）（歌曲）			コスタラ	
一八七二	ばらと蝶（ユゴー作詞）（歌曲）	アレクシス・ドゥ・カスティヨンに		エノック	
一八七二	来たり給え、主よ（テノール・バス・オルガン）	ヴェルニエおよびムニュー両氏に	エコー・デ・メトリーズ第一巻	アメル	
一八七三	リート（ルシアン・パテ作詞）（歌曲）	アルベール・カーン（ダンヴェール）に		エノック	
一八七三	前奏曲、フーガと変奏曲 ロ短調（小オルガンおよびピアノ）		マイアン・クヴルール	デュラン	オルガン曲作品一八の編曲
一八七四	オラトリオ「贖罪」（新しい交響曲および男声合唱を加えたもの）		ハルトマン（一八七四）	ウジェル	第二版
	第三期				
一八七六	交響詩「アイオリスの人々」（L・deリールの詩による）（作曲者によっ			エノック	

	て四手連弾曲に編曲）			
一八七八	オルガンのための三つの小品 一、幻想曲 イ長調 二、カンタービレ ロ長調 三、英雄的楽曲 ロ短調			デュラン
一八七八―一八七九	ピアノ五重奏曲 へ短調（ピアノ・二つのヴァイオリン・ヴィオラ・チェロ）	C・サン＝サーンスに		アメル
一八七九	こわれた甕（プリュドム作詞）（歌曲）			エノック
一八六九―一八七九	オラトリオ「至福」（独唱・合唱・管弦楽）（プロローグと八部）（コロンヌ夫人作詞）（作曲者によってピアノに編曲）	セザール・フランク夫人に	ブランデュ	ジュベール
一八八一	「レベッカ」（独唱・合唱・管弦楽）（ポール・コラン作詞）（作曲者によってピアノに編曲）	音楽愛好家合唱協会とその創始者アントナン・ギイヨー・ドゥ・サンブリに	ハルトマン	ウジェル
一八八二	交響詩「呪われた狩人」（ビュルガーによる）（作曲者によって四手連弾曲に編曲）			L・グリュー
一八八四	夜想曲（フルコー作詞）（歌曲）		アルボム・	エノック

一八八四	交響詩「魔神（ジン）」（ピアノと管弦楽）（ユゴーの詩による）（作曲者によって二台のピアノに編曲）		デュ・ゴロワ（一八八五）	エノック
一八八四	前奏曲、コラールとフーガ（ピアノ）	マリー・ポワトヴァン嬢に		エノック
一八八二―一八八五	歌劇「ユルダ」（四幕と終曲、北欧の題材による）（ビョルンソン原作、C・グランムジャン台本）			シュダン
一八八五	交響的変奏曲（ピアノと管弦楽）（作曲者によって二台のピアノに編曲）			エノック
一八八五	緩やかな舞曲（ピアノ）		アルボム・デュ・ゴロワ	スコラ・カントルム
一八八六	ヴァイオリン・ソナタ イ長調	ウジェーヌ・イザイに		アメル
一八八六―一八八七	前奏曲、アリアと終曲（ピアノ）	ボルド・ペーヌ夫人に		アメル
一八八七―一八八八	交響詩「プシュケ」（管弦楽と合唱）	友人のヴァンサン・ダンディに	ブリュノー	ボルヌマン
一八八八	賛歌（ラシーヌ作詞）（男声四部）	シルヴァン・		アメル

一八八八	カンティーク（合唱付）	デュピュイに			未発表
一八八八	行列（ブリジュ作詞）（歌曲）（管弦楽に編曲）	シャルロット・ダネー夫人に	ブリュノー	ルデュック	
一八八八	夕べの鐘（A・ドーデ作詞）（歌曲）	モーリス・バージェに	ブリュノー	ルデュック	
一八八八	詩篇一五〇番（合唱・管弦楽・オルガン）			ブライトコプフ・ヘルテル	遺稿
一八八八	六つの二重唱曲			エノック	
	一、守護天使				
	二、小さき子らへ（A・ドーデ作詞）	ウジェーヌ・ピエルネに			
	三、まぐさ桶のかたわらの聖母（A・ドーデ作詞）	ポーリーヌ・ロージエ夫人に			
	四、ロルモンの踊り（L・デボルド＝ヴァルモール作詞）	ジュール・ミナールに			
	五、太陽（J・G・ロパルツ作詞）	シャルル・ピエルネに			
	六、竹細工師の歌（A・トゥリエ作詞）	サンルィ・ドゥ・ゴンザギュに			

一八八六—一八八八	交響曲 ニ短調	友人アンリ・デュパルクに		アメル	
一八八八	五月のはじめのほほえみ（V・ヴィルデ作詞）（女声三部合唱）			アメル	
一八八九	アンダンティーノ（大オルガン）		オルガン曲集第四巻九七	コスタラ	
一八八九	アルカン：前奏曲と祈り（オルガン用に抜粋編曲）（三巻）		リショー	コスタラ	
一八八九	弦楽四重奏曲 ニ長調	レオン・レニエに		アメル	
一八八八—一八九〇	歌劇「ジゼル」（四幕）（A・ティリー台本）			シューダン	未発表
一八八九—一八九〇	オルガン奏者のための五九の小品			エノック	
一八九〇	三つのコラール（大オルガン）			デュラン	実際はA・ギルマン、Th・デュボワおよびE・ジグーに献じられた
	一、第一番　ホ長調	E・ジグー氏に			
	二、第二番　ロ短調	A・デュラン氏に			
	三、第三番　イ短調	オーギュスタ・オルメス嬢に			

本訳書 47 頁で言及しているロンジェ夫人によるフランクの肖像画

【著者】**ヴァンサン・ダンディ**（Vincent d'Indy）
1851年生まれ。1931年没。フランスの作曲家。1872年にパリ音楽院に入学し、セザール・フランクの弟子となる。1894年にはシャルル・ボルドやアレクサンドル・ギルマンとともに音楽学校のスコラ・カントルムを設立。指揮者や教育者としても広く活動し、フランス近代音楽の推進者として活躍した。作曲での代表作品は「フランスの山人の歌による交響曲（セヴェンヌ交響曲）」、交響的変奏曲「イスタール」など。著作は本書のほかに『ベートーヴェン（*Beethoven; Biographie Critique*）』（小松耕輔訳、音楽之友社）、『作曲法講義（*Cours de Composition Musicale*）』（池内友次郎訳、古賀書店）などがある。

【翻訳者】**佐藤 浩**（さとう・ひろし）
1915年生まれ。2002年没。翻訳書にパウル・ヒンデミット著『作曲家の世界』、イーゴリ・ストラヴィンスキー著『音楽とは何か』、J.クロード・ピゲ著『音楽の発見』、（すべて音楽之友社）などがある。

セザール・フランク

2022年　12月1日　第1刷発行

著　者　　ヴァンサン・ダンディ
翻訳者　　佐藤 浩
発行人　　春日俊一

発行所　　株式会社 アルファベータブックス
〒102-0072 東京都千代田区飯田橋2-14-5
Tel 03-3239-1850　Fax 03-3239-1851
website http://alphabetabooks.com　e-mail alpha-beta@ab-books.co.jp

編集協力　野口剛夫
装幀　Malpu Design（清水良洋）
印刷・製本　中央精版印刷株式会社
用紙　株式会社鵬紙業

ISBN 978-4-86598-103-2　C0073
